Radialer Städtebau
Abschied von der autogerechten Stadtregion

Radialer Städtebau
Abschied von der autogerechten Stadtregion

Harald Bodenschatz / Aljoscha Hofmann / Cordelia Polinna (Hg.)

Inhalt

Vorwort

6 Radialstraßen konstituieren Stadtregion
Thomas Sieverts

Einführung

12 Hauptstraßen der Großstadt:
Vom Verkehrsraum zum Stadtraum
*Think Berl!n (Aljoscha Hofmann, Cordelia Polinna,
Jana Richter, Johanna Schlaack) /
Harald Bodenschatz / Hildebrand Machleidt*

Historischer Überblick

26 Aufstieg und Fall der großstädtischen
Hauptstraßen
Harald Bodenschatz

Hauptstraßen in Berlin

40 Chausseestraße plus
Aljoscha Hofmann / Cordelia Polinna

50 Schönhauser Allee plus
Jana Richter

60 Prenzlauer Allee plus
Hilde Barz-Malfatti

72 Landsberger Allee plus
Harald Bodenschatz / Johanna Schlaack

82 Karl-Marx-Allee plus
Arvid Krüger

94 Karl-Marx-Straße plus
Valentin Hadelich

104 Mehringdamm plus
Hildebrand Machleidt

114 Bundesallee
Christian von Oppen

Hauptstraßen anderswo

126 **Paris: Sanfter Städtebau für die Hauptverkehrsadern**
Denis Bocquet

134 **Wien: Herausforderungen einer Einfallstraße**
Werner Tschirk / Rudolf Scheuvens

142 **London: Better High Streets**
144 Programme zur Reurbanisierung von High Streets
Tobias Goevert

151 Mobilisierung von City Verges – eine Methode zur Reurbanisierung von High Streets
Dann Jessen

156 **New York: Planung und Umsetzung des Sustainable Streets Strategic Plan**
Annika Levels

164 **Los Angeles: Boulevard Urbanism**
Wolfgang Christ

Ausblick

178 **Radial Urbanism**
(Re-)Urbanisierung der Hauptstraßen der Großstadt
Think Berl!n (Aljoscha Hofmann, Cordelia Polinna, Jana Richter, Johanna Schlaack) / Harald Bodenschatz

190 **»Wir denken Quartier und Straße gemeinsam«**
Martin zur Nedden im Interview mit Cordelia Polinna

200 Register
206 Mitwirkende

Vorwort

Radialstraßen konstituieren Stadtregion

Thomas Sieverts

Die großen Radialstraßen, die aus der Stadt weit auf das offene Land hinausführen und umgekehrt, aus allen Himmelsrichtungen aus dem offenen Land kommend, sich im Zentrum der Stadt treffen, konstituieren die Stadt seit Urzeiten und bilden ein Urmuster im Stadtgrundriss. Dieses alte System der Radialstraßen gehört zur Familie der stadtbildenden gebauten Verkehrs- und Transportinfrastruktur, zu der auch die jüngeren Geschwister – die Kanäle und Häfen, die Eisenbahn und die Flughäfen – zählen. Städte haben sich in einer Wechselwirkung mit ihrer je besonderen Verkehrs- und Transportinfrastruktur entwickelt: Wir sprechen von Marktstädten, die sich an den Kreuzungen der großen Handelsstraßen gebildet haben, von Hafenstädten an den Wasserwegen, von Eisenbahnstädten an den Eisenbahnknoten und in neuester Zeit von Flughafenstädten.

Jedes dieser oben genannten unterschiedlichen Verkehrssysteme zeigt in seiner Geschichte einen vergleichbaren Entwicklungsverlauf: Sie alle begannen als bescheidene *servants* der Stadt, sind dann jedoch immer stärker eigengesetzlich zu beherrschenden *masters* der Stadtentwicklung gewachsen, die als eine wichtige Ursache, zugleich aber auch als eine betrübliche Folge des Stadtwohlstands zu verstehen sind. Im Laufe ihres Wachstums und ihrer Entwicklung zu Hochleistungssystemen haben sie sich einseitig auf die Transportfunktion spezialisiert und dabei ihre Anschlussfähigkeit an das Stadtgefüge verloren.

Mit ihrer wachsenden Dominanz und ihrer Eigen-Mächtigkeit haben sich ihre negativen Auswirkungen, die das Gleichgewicht der Städte bedrohen, immer stärker auf das Stadtgefüge ausgeprägt. Kurz: Die großen Verkehrs- und Transportsysteme haben sich von einem *maker* zu einem *breaker* des Stadtgefüges transformiert. Einige Beispiele zur Veranschaulichung: Die einfache Schiffslände neben der Stadtmauer hat sich zu einem riesigen Containerhafen entwickelt, der die Stadt vom offenen Wasser abtrennt. Die Eisenbahn, anfangs eine Art Straßenbahn, die sich mit der Stadt vertrug, wurde im Laufe ihrer

Entwicklung zu einem platzfressenden Verkehrssystem, das einer eigenen Gesetzgebung unterliegt und das mit seinen riesigen Gleisfeldern das Stadtgefüge unüberwindbar aufgetrennt hat. Der Flughafen, der als eine Flugwiese mit leichten Flugzeughallen begonnen hatte, ist zu einer riesigen, eigenmächtigen Maschinerie geworden, die sich nach eigenen Gesetzen isoliert und heute ganze Stadtteile mit Lärm und Undurchlässigkeit terrorisiert. Die multifunktionale Hauptstraße, die neben dem Verkehr der Fuhrwerke auch dem Handel und dem Handwerk diente, ist zur monofunktionalen Stadt-Autobahn gewachsen, die – vom Stadtgefüge abgetrennt – eine unüberwindliche Barriere darstellt und mit Lärm und giftigen Abgasen eine »Vernichtungsschneise« durch das Stadtgefüge schlägt.

Aber diese Transformation vom *friendly servant and maker* zum *imperial master and breaker* des Stadtgefüges ist nicht das Ende der Geschichte. Jedes dieser Verkehrssysteme erfuhr seinen Höhepunkt in der Stadt und hat dann in der Stadt an Bedeutung verloren: Der Großhafen hat die Stadt verlassen und sich flussabwärts verlagert, die Eisenbahn hat ihre Gleisfelder in der Stadt drastisch reduziert und der in der Stadt gelegene Flughafen ist ins offene Land verlagert worden. Die Geschichte scheint zu zeigen: Die für die Stadt zu schwer gewordene Bürde einer übermächtigen Infrastruktur kann – wenn deren Zeit in der Stadt abgelaufen ist – zu einem unverhofften Entwicklungspotenzial werden. Einige anschauliche Beispiele für derartige Potenziale sind: die HafenCity in Hamburg auf ehemaligem Hafengelände; die Eurocity in Frankfurt auf ehemaligem Gleisfeld sowie Parks, öffentliche Kultureinrichtungen und neue Wohnungen auf dem früheren Flugfeld Berlin-Tempelhof. Nur für die städtischen Hochleistungsstraßen gibt es bisher kaum Beispiele – ich könnte hier lediglich das Schließen des Stadtgefüges auf einer ehemaligen städtischen Hochleistungsstraße in Ulms Innenstadt nennen.

Dass bisher so wenige Beispiele bekannt sind, hat natürlich damit zu tun, dass das Verkehrssystem »Auto« in der Stadt noch in voller Blüte zu stehen und seine Zeit noch nicht abgelaufen zu sein scheint. Hier setzt dieses Buch an. Es gibt viele gute sachliche Gründe und auch sichtbare Anzeichen und Hinweise darauf, dass das Auto-Zeitalter sich seinem Ende nähert. Mit seiner noch nicht einmal 100 Jahre währenden Vorherrschaft in den USA und seiner in Europa erst seit etwa 50 Jahren voll ausgeprägten Form wird auch dieses Zeitalter nur ein Zwischenspiel in der langen Geschichte der Stadt darstellen.

Deswegen ist es notwendig, schon heute Chancen wahrzunehmen, die ein Rückgang der Autodominanz eröffnet. Zumindest in den altindustrialisierten Gesellschaften des Westens scheinen sich zwar noch

junge, sich aber schon deutlich abzeichnende soziokulturelle Trends eines symbolischen Bedeutungsverlusts mit normativen Forderungen und Notwendigkeiten ökologischer Art zu verbinden: Das Auto verliert als Statussymbol an Bedeutung, die steigenden Benzinpreise veranlassen viele Autofahrer zu vermehrter Benutzung öffentlicher Verkehrsmittel. Zugleich ist die Notwendigkeit der Verringerung der CO_2-Emissionen zur Milderung der Folgen des Klimawandels in unserer Gesellschaft kaum noch umstritten; diese Einsicht wirkt sich langsam auch auf das Alltagsverhalten aus. Ohne sich der Illusion hinzugeben, dass diese Trendwende schnelle und durchgreifende Folgen haben würde, weist sie doch in eine Richtung, die es zu fördern und zu stützen gilt.
Vielleicht muss man die gegenwärtige Situation auch in einen noch weiteren Zusammenhang stellen: Es könnte durchaus sein, dass die Umstellung von Öl und Gas auf erneuerbare Energien – wie in der Stadtgeschichte bisher noch jede Umstellung in den Basisenergien – wieder zu einer stark veränderten Stadtform führen wird. Es könnte sein, dass die Krisen und Brüche einer globalisierten Welt auch in unserem Weltwinkel zu schwerwiegenden Brüchen in der Stadtentwicklung und zu tiefen Einschnitten in den materiellen Wohlstand führen werden. In einer solchen, nicht unwahrscheinlichen Situation müssen die Städte robust und zugleich anpassungsfähig und widerstandsfähig sein, um auch tiefe Entwicklungsbrüche ohne Identifikationsverlust bewältigen zu können. Ein Stadtgefüge, das gemischt, durchlässig und vielseitig interpretierbar, anpassbar und »bespielbar« bleibt, ist prinzipiell robuster als eine Stadt der hochspezialisierten, sich je eigengesetzlich isolierenden Leistungssysteme.
Die radialen Hauptverkehrsstraßen gehören zu den ältesten und in ihrer Lage und Struktur über die lange Stadtgeschichte hinweg konstantesten Elementen der Stadt. Sie haben sich in Funktion und Querschnitt im Wandel der Zeitläufte immer wieder verändert und damit ihre Anpassungsfähigkeit bewiesen, ohne dabei jedoch ihren identitätsstiftenden Beitrag zur spezifischen Eigenart der Städte zu verlieren. Heute steht wieder eine tief greifende Anpassung an eine sich global verändernde Stadt und ihre Gesellschaft an. Davon handelt dieses Buch, dem ich die Aufmerksamkeit wünsche, die es verdient.
Noch ein letztes Wort zur besonderen Situation in Berlin: Hier stehen sich – wenn ich es richtig sehe – zwei Lager ziemlich unversöhnlich gegenüber. Einerseits das Lager derjenigen, die alle Anstrengungen auf die »kritische Rekonstruktion« der Innenstadt, nach den Mustern des historischen Stadtgrundrisses, konzentrieren wollen, andererseits das Lager derjenigen, die die Notwendigkeit sehen, der städtebaulich

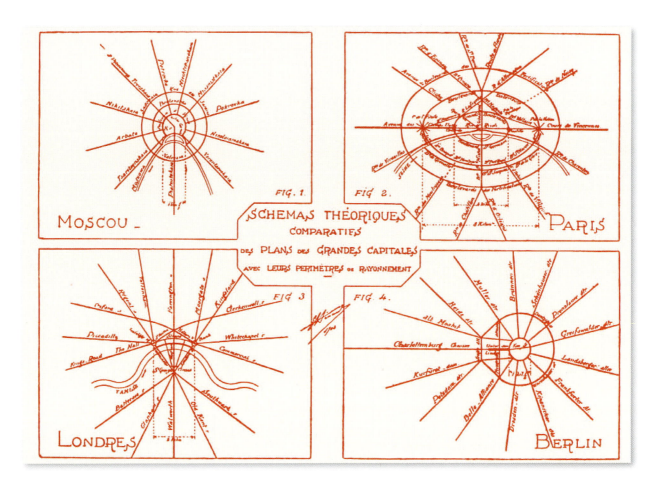

Schematische Darstellung der Großstädte Moskau, Paris, London und Berlin anhand ihrer Radialstraßen, präsentiert von Eugène Hénard in *Études sur les transformations de Paris*, 1905.

Quelle: Hénard, Eugène: Alle origini dell'urbanistica. La costruzione della metropoli, hg. von Donatella Calabi und Marino Folin, Padua 1976, Titelbild

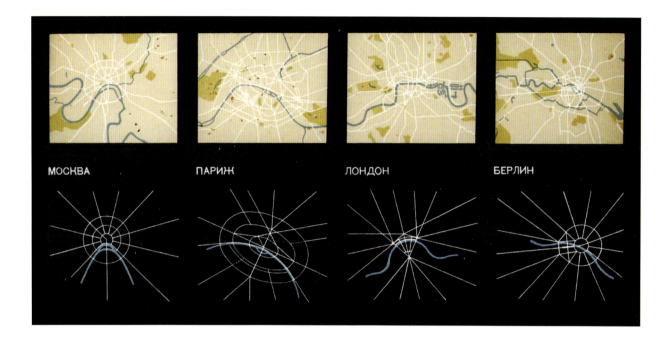

vernachlässigten »Außenstadt« und der weiteren Peripherie, in denen zusammen inzwischen etwa zwei Drittel der Berliner leben, verstärkte Aufmerksamkeit zu widmen.

Die großen Radialstraßen bilden einen Querschnitt vom historischen Zentrum über die Außenstadt und die verstädterte Landschaft der weiteren Peripherie bis ins offene Land. Sie machen über viele Bezirks- und Gemeindegrenzen hinweg die Metropole als zusammenhängenden Lebensraum sichtbar und erlebbar. Wären diese großen, ehrwürdigen Radialstraßen nicht ein Ideen- und Tätigkeitsfeld, in dem interkommunale Zusammenarbeit geübt werden müsste, ein Feld, in dem sich beide Lager treffen könnten, um ihre Interessenschwerpunkte zu verbinden?

Schematische Darstellung der Großstädte Moskau, Paris, London und Berlin anhand ihrer Radialstraßen, präsentiert in einem Prachtband zum Generalplan von Moskau, 1938.

Quelle: Institut izobrazitel'noj statistiki sovetskogo stroitel'stva i chozjajstva SUNChU Gosplana SSSR [Bildstatistisches Institut des sowjetischen Bauwesens und der Wirtschaft SUNChU Gosplan der UdSSR] (Hg.): Moskva rekonstruiruetsja. Al'bom diagramm, toposchem i fotografij po rekonstruksii gor. Moskvy [Moskau wird rekonstruiert. Album mit Diagrammen, topografischen Schemen und Fotografien zur Rekonstruktion der Stadt Moskau], Moskau 1938

Einführung

Hauptstraßen der Großstadt: Vom Verkehrsraum zum Stadtraum

Think Berl!n (Aljoscha Hofmann, Cordelia Polinna, Jana Richter, Johanna Schlaack) / Harald Bodenschatz / Hildebrand Machleidt

Die Hauptstraße – Avenida, Avenue, Boulevard, Corso, High Street, Magistrale, Main Street, Paseig, Paseo, Radialstraße – ist ein besonderer Raum. Sie gibt es nur in der Großstadt. Sie ermöglicht großstädtische Nutzungsvielfalt, Austausch, Begegnung, Mobilität. Sie prägt für Bewohner wie Besucher das Bild einer Großstadt.
Die Hauptstraßen entstanden zusammen mit der Großstadt erst in der zweiten Hälfte des 19. Jahrhunderts, noch vor der Ankunft des Automobils. Vor allem im dritten Viertel des 20. Jahrhunderts wurden sie mehr oder minder radikal umgebaut und grundlegend »umgenutzt« – zugunsten des fahrenden wie ruhenden Automobilverkehrs. Noch heute sind sie oft Ausdruck der autogerechten Stadt, aber zugleich auch die wichtigsten Orte zur Überwindung der autogerechten Stadt. Hauptstraßen verbinden oder trennen, sie sind Verkehrsraum oder Lebensraum, sie ermöglichen eine Stadt der kurzen Wege oder befördern eine zersiedelte Stadtregion der langen Autofahrten.
Der wichtigste Typ der großstädtischen Hauptstraßen sind die Radialstraßen, welche die Großstadtregion zusammenhalten. Dieser Typ wird im Folgenden eine besondere Aufmerksamkeit erfahren. Denn die (Re-)Urbanisierung dieses Straßentyps kann einen entscheidenden Beitrag für die Zukunftsfähigkeit polyzentraler Stadtregionen leisten. Hauptstraßen gibt es in allen Großstädten. In diesem Buch wird Berlin im Zentrum stehen, flankiert von anderen Großstädten der westlichen Welt, in denen die Suche nach einer nachhaltigen Hauptstraße oft schon weiter fortgeschritten ist als in Deutschland. Berlin war über drei Jahre Gegenstand einer strategischen Debatte, die wir – Harald Bodenschatz und Hildebrand Machleidt sowie die Initiative *Think Berl!n* mit Aljoscha Hofmann, Cordelia Polinna, Jana Richter

Berlin: Strausberger Platz, im Hintergrund die Karl-Marx-Allee (2013)
Foto: Mila Hacke

und Johanna Schlaack – 2010 unter der Losung *Radikal Radial!* starteten und in der wir dafür warben, die (Re-)Urbanisierung der Radialstraßen zu einem zentralen stadtentwicklungspolitischen Thema zu machen. Das vorliegende Buch bündelt die Erfahrungen dieser zivilgesellschaftlichen Initiative im städtebaulichen Konzept des *Radial Urbanism*.

Ein Schlüsselthema der Stadtentwicklung

Ende 2012 veröffentlichte das UN-Umweltprogramm UNEP dramatische Zahlen: Die Welt entfernt sich immer weiter von den vereinbarten Klimaschutzzielen.[1] Die Energiewende, die Abwendung des Klimawandels und die Anpassung an die schon jetzt nicht mehr abwendbaren Folgen müssen also stärker als bislang in den Fokus von Politik, Planung und Öffentlichkeit rücken. Nur langsam setzt sich die Erkenntnis durch, dass das eine Schlüsselaufgabe des Städtebaus ist.[2]

---

[1] United Nations Environment Programme (UNEP, 2012): The Emissions Gap Report 2012, Nairobi, URL: http://www.unep.org/publications/ebooks/emissionsgap2012 (06.07.2013).
[2] Vgl. auch das Memorandum *URBAN ENERGIES – Urban Challenges*, das im Kontext der Berliner Konferenz *Städtische Energien / Urban Energies* vom Oktober 2012 erarbeitet worden ist, URL: http://www.nationale-stadtentwicklungspolitik.de/nn_244664/Content/__Anlagen/memorandum__dt,templateId=raw,property=publicationFile.pdf/memorandum_dt.pdf (06.07.2013).

Berlin: Kreuzung Bülowstraße / Potsdamer Straße (2013)
Foto: Mila Hacke

Die Energiewende ist mehr als ein Abschied von der Atomenergie, sie ist zugleich ein Abschied vom Zeitalter billigen Öls, das die Industrialisierung, die autoorientierte Massenmobilität und die daraus resultierenden Siedlungsstrukturen ermöglicht und beflügelt hat. Vor diesem Hintergrund gewinnen zwei zu verknüpfende städtebauliche Aufgaben an Bedeutung: der Umgang mit dem funktionalistisch geprägten baulichen Bestand des 20. Jahrhunderts und die Förderung einer nachhaltigen Mobilität. Energieverschwendung, Flächenverbrauch, fehlende Funktionsmischung und mangelhafte Anpassungsfähigkeit urbaner Räume sind hier die Parameter, die verändert werden müssen.

Die Städtebaugeschichte der europäischen Stadt war, so Thomas Sieverts[3], in den vergangenen beiden Jahrhunderten immer sehr eng mit einem Wandel der Energieformen verbunden. Jede der primär benutzten Energieformen brachte ihre eigenen städtebaulichen Formen hervor. Sieverts stellt die These auf, dass ein Wandel hin zu erneuerbaren Energien auch wieder zu starken Umwälzungen in den Stadtregionen führen wird, dass eine Abkehr von den Strukturen der »weitläufigen Dienstleistungs-, Konsum- und Autostadt im 20. Jahrhundert auf der Basis von Öl und Gas« notwendig wird. Heute ändert sich bereits der Umgang mit dem Auto, die Einstellung zur Mobilität. Das

---

3   Sieverts, Thomas (2012): Resilienz – Zur Neuorientierung des Planens und Bauens, in: DISP, 188, 01/2012, S. 83.

ist etwa daran ablesbar, dass das eigene Auto bei Jugendlichen als Statussymbol an Bedeutung verliert.[4] Damit dieser Wandel auch zu nachhaltigen Energie- und somit Mobilitätsformen führt, muss das Erbe der autogerechten Stadt neu definiert werden. So kann der oft sehr weit gefasste Diskurs zur nachhaltigen Stadtentwicklung räumlich und typologisch konkretisiert werden.

Der Großteil der deutschen Städte – in West- und in Ostdeutschland – wurde vor allem im dritten Viertel des 20. Jahrhunderts durch das (private) Automobil radikal verändert. In dieser Zeit entstand ein schwieriges städtebauliches Erbe: Auto-Straßen, Auto-Bahnen und Auto-Plätze, Großbauten, Großsiedlungen und zersiedelte Landschaften. Für dieses autogerechte Erbe, das ist unsere These, müssen dringend Zukunftsperspektiven entwickelt werden. Nur durch die integrierte räumliche Umgestaltung dieses Erbes – eine Verlagerung der Sanierung von Einzelgebäuden auf den städtebaulichen Umbau ganzer Quartiere – ist die Energiewende zu meistern und kann auf den Klimawandel angemessen geantwortet werden.

In den sich zwischen Schrumpfung und moderatem Wachstum bewegenden deutschen Stadtregionen geht es vorrangig darum, den autogerechten städtebaulichen Bestand so anzupassen und weiterzuentwickeln, dass in ihm ein nachhaltiges Leben und Arbeiten möglich wird. Voraussetzung einer solchen Sanierung ist ein Paradigmenwechsel, der auf wachsenden Zuspruch für umweltfreundliches Mobilitätsverhalten, auf die Entwicklung von energieeffizienteren, emissionsärmeren und leiseren Kraftfahrzeugen, auf die steigende Beliebtheit von Fahrrad und Carsharing-Angeboten sowie auf die Konsolidierung und den Ausbau des öffentlichen Verkehrs setzen kann. Ein Paradigmenwechsel in der Mobilität ermöglicht auch eine Neudefinition der vom Autoverkehr geprägten Siedlungsstrukturen. Städtebaulich betrachtet, erfordert er den grundlegenden Umbau des öffentlichen Raums: Vor allem die Hauptverkehrsstraßen und Hauptverkehrsplätze sind die zentralen Orte notwendiger Veränderungen.

Diese Neudefinition wird bislang zumeist als rein sektorales Verkehrsthema gesehen. Eine Integration in andere Themen der Stadtentwicklung und -gestaltung erfolgt nicht in ausreichendem Umfang.

---

4 In Berlin ist die Anzahl der Personenkraftwagen je 1.000 Einwohner zwischen 1995 und 2012 von 352 auf 328, also um 6,8 Prozent, zurückgegangen. Der Anteil der Haushalte ohne Auto beträgt nun 41 Prozent (ADAC Motorwelt 3/2013, S. 18). Zudem ist deutschlandweit in den vergangenen zehn Jahren ein Rückgang von elf Prozent bei den jährlich ausgestellten Führerscheinen (Pkw-Klassen) von 1.065.171 (2002) auf 958.252 (2012) zu verzeichnen (Kraftfahrt-Bundesamt (2013): Fahrerlaubniserteilungen – Zeitreihe 2002 bis 2012, URL: http://www.kba.de/cln_032/nn_125356/DE/Statistik/Kraftfahrer/Fahrerlaubnisse/Fahrerlaubniserteilungen/fe__e__z__1.html (06.07.2013)).

Die Auseinandersetzung mit der autogerechten Stadt hat jedoch nicht nur eine ökologische oder ökonomische, sondern auch eine soziale Dimension. So ist das Auseinanderdriften der Stadtregion infolge sozialräumlicher Segregation eine Gefahr für den sozialen Zusammenhalt, wie Erfahrungen anderer Großstädte zeigen. Die autogerechte Stadt erweist sich als unsozial. Wer in der Außenstadt wohnt und sich kein Auto leisten kann oder aus Altersgründen kein Auto mehr nutzt, ist von vielen Angeboten in der Stadt ausgeschlossen. Der öffentliche Raum ist sozial ungerecht verteilt: Die Minderheit der Autofahrer verfügt über den Löwenanteil des Raums. Die wenig attraktiven baulichen Produkte der autogerechten Stadt – Megastrukturen wie das Neue Kreuzberger Zentrum in Berlin, errichtet, um das Kottbusser Tor vom Lärm der einst in Höhe der Oranienstraße geplanten Stadtautobahn abzuschirmen, Großsiedlungen oder auch die durch Lärm- und Feinstaubbelastung abgewerteten Wohn- und Geschäftshäuser entlang der stark befahrenen Hauptstraßen – werden zu Wohnorten für Menschen, die sich das Leben in den urbanen innerstädtischen Vierteln oder im Einfamilienhaus an der Peripherie nicht leisten können. Sie werden zum Auffangort der Verdrängten.

Radialstraßen in Berlin – Rückgrat der Stadtregion

Die großen Hauptstraßen, die Radialstraßen, sind in Berlin die Orte, an denen sich diese Fragestellungen in besonderer Weise zuspitzen. Zentraler Ansatz unseres seit 2010 entwickelten Konzepts *Radikal Radial!* ist die (Re-)Urbanisierung der Berliner Ausfallstraßen, die Umgestaltung dieser stark vom Autoverkehr geprägten Korridore im Sinne einer postfossilen Stadt. Entlang der Radialstraßen hat die öffentliche Hand großen Einfluss: Die Straßen und öffentlichen Räume befinden sich in ihrem Besitz. Über eine Einbeziehung der landeseigenen Berliner Verkehrsbetriebe bestehen gute Möglichkeiten, Projekte an den Schnittstellen mit dem öffentlichen Nahverkehr zu realisieren, über die sich Berlin als Modellstadt einer nachhaltigen Mobilität profilieren könnte. *Radikal Radial!* verknüpft Fragen der Verkehrsinfrastruktur mit Fragestellungen des Städtebaus, etwa mit Blick auf die Gestaltung von öffentlichen Räumen, die Stabilisierung der angrenzenden Quartiere, die Stärkung der Stadtteilzentren an den Radialstraßen und die Verbesserung der Schnittpunkte mit dem öffentlichen Nahverkehr.
Neben den beiden Hauptzentren Berlins – der historischen Mitte und der City West – bilden die Radialstraßen den Fokus des ökonomischen, kulturellen und gesellschaftlichen Lebens der Stadt. Jede

Berlin: Schönhauser Allee (2006)
Foto: Hanno Depner

Radialstraße ist anders, hat besondere Eigenschaften, die sich in ihrem Verlauf immer wieder ändern. Die Radialstraßen gliedern die Stadtregion und dienen so der Orientierung. Sie bilden das Rückgrat der polyzentralen Struktur Berlins und durchlaufen die gesamte Stadt: von der stark verdichteten Innenstadt bis zu den locker bebauten Vororten. Sie durchziehen ganz unterschiedliche Welten und binden diese zugleich räumlich zusammen. Sie queren und spiegeln die Vielfalt der Siedlungsstrukturen der Stadtregion.

Die weitläufigen Gebiete außerhalb der Innenstadt, die in Berlin als Außenstadt, in anderen urbanen Regionen auch als Zwischenstadt bezeichnet werden, sind vor allem ein Produkt des automobilen Zeitalters. Eine Fokussierung auf die Urbanisierung von Radialstraßen bietet die Möglichkeit, die zurzeit stadtentwicklungspolitisch vernachlässigte Berliner Außenstadt (außerhalb des S-Bahn-Rings, des sogenannten Hundekopfes) wieder stärker in die städtebauliche Debatte einzubeziehen und so das Thema der »Europäischen Stadt« mit dem der »Zwischenstadt« zu verknüpfen. Das bedeutet auch, den wesentlichen Unterschied zwischen einer Radialstraße in der Innenstadt auf der einen und einer in der Außenstadt auf der anderen Seite strategisch zur Kenntnis zu nehmen und mit jeweils spezifischen städtebaulichen und gestalterischen Ansätzen auf diese Charakteristika zu reagieren. Eine solche Herangehensweise greift die vielfachen Spaltungen zwischen Innenstadt und Außenstadt, möglichst sogar

Berlin: Bundesallee (2013)
Foto: Mila Hacke

zwischen Berlin und Brandenburg auf und versucht sie zu entschärfen. An den Radialstraßen verdichten sich demnach brennglasartig Probleme, deren Bewältigung für Berlin, aber auch für andere Städte national und international von besonderem Interesse ist; das Thema hat eine wichtige internationale Dimension: In London wurden vielfältige Initiativen ergriffen, die *High Streets* aufzuwerten, und in Paris wie in Los Angeles wird an den Boulevards gearbeitet.

Radialstraßen – Spiegel der Berliner Stadtregion

Nachdem die Berliner Radialstraßen ihren Ausgangspunkt an den (verschwundenen) historischen Stadttoren genommen haben, durchziehen sie zunächst die kaiserzeitlichen Mietkasernenviertel. Hier liegen wichtige Stadtteilzentren mit prägenden öffentlichen Bauten und einer bunten Einzelhandelsstruktur. Viele dieser Zentren erlebten aber in den vergangenen Jahrzehnten einen Niedergang – aufgrund schwindender Kaufkraft der Bewohner der angrenzenden Quartiere, aber auch, weil der Einzelhandel an den Radialstraßen mit der Konkurrenz in Einkaufszentren zu kämpfen hatte und die Lage an den Hauptverkehrsstraßen als zunehmend unattraktiv wahrgenommen wurde.
Wo der S-Bahn-Ring und die Stadtautobahn A 100 die Radialstraßen queren, ist in der Regel die Innenstadt zu Ende und es beginnt die »Außenstadt«. An diesen Schnittpunkten befinden sich oftmals

Berlin: Innsbrucker Platz, im Hintergrund
die Hauptstraße (2013)
Foto: Mila Hacke

Einrichtungen mit einer besonderen Zentralität, im Bereich des östlichen S-Bahn-Rings beispielsweise Einkaufszentren. Diese Kreuzungen bilden ein Potenzial, aber auch eine große Barriere. Weiter draußen schneiden die im Süden der Stadt verlaufenden Kanäle und ringförmig verlaufende Hauptstraßen die Radialstraßen. Dort haben sich Zonen einer »inneren Peripherie« gebildet, die von großen Einzelhandelskisten, Tankstellen, Drive-in-Restaurants und städtebaulich schlecht integriertem Gewerbe gekennzeichnet sind, obwohl sie vergleichsweise zentral liegen. Häufig erstrecken sich entlang der Radialstraßen auch Orte von stadtregionaler Bedeutung – etwa der ehemalige Flughafen Tempelhof oder die neue Stadt für Wissenschaft, Wirtschaft und Medien Adlershof. Für die innere Peripherie müssen Ideen entwickelt werden, wie autoabhängige Strukturen – Fachmarktzentren oder Shoppingmalls – umgestaltet werden können, damit sie sich in ihr Umfeld integrieren und besser für Fußgänger und Radfahrer zugänglich werden.

Noch weiter auswärts gelegen, sollten die Großwohnsiedlungen der Nachkriegszeit in Ost und West einst die bessere Stadt von morgen verheißen. Einige dieser Großsiedlungen sind zwar durch den öffentlichen Nahverkehr gut erschlossen, vor allem aber sind sie monofunktional und autogerecht geplant. So liegen etwa Marzahn und Gropiusstadt an großen Radialstraßen, die hier nur als Autozubringer dienen. Solche Siedlungen drehen den Straßen den Rücken zu und die

Berlin: Karl-Marx-Allee (2008)
Foto: Harald Bodenschatz

zentralen Einrichtungen wurden von den Straßen weg in das Innere verlegt. Die Nachbesserung und die Integration der Großsiedlungen in die Stadtregion ist eine der größten Herausforderungen für morgen. In der Außenstadt haben zudem die Endpunkte der U-Bahn-Linien, etwa die »Rudower Spinne«, das Potenzial, zu bedeutenden Zentren, zu gut funktionierenden Knoten des öffentlichen Nahverkehrs und zu Eingangstoren nach Berlin zu werden.

Dringender Handlungsbedarf besteht schließlich für den Übergang von Berlin nach Brandenburg. Hier sind Strategien gefragt, wie die zersiedelte suburbane Stadtlandschaft nachhaltig ertüchtigt und räumlich qualifiziert werden kann. Nach dem Mauerfall hat die Region eine nachholende Zersiedelung der Umlandgemeinden erfahren, vor allem durch den Bau von oft nur durch das Auto erschlossenen Einfamilienhaussiedlungen, aber auch durch Einkaufszentren auf der grünen Wiese. Das Magazin *Der Spiegel* veröffentlichte 2012 einen Bericht über Leerstand von Einfamilienhäusern aus den Siebziger- und Achtzigerjahren.[5] Ist das ein Szenario, das auch für Berliner Stadtteile wie Rudow, Reinickendorf oder Teile des Umlands realistisch ist? Wie sich diese Gebiete angesichts der Alterung der Gesellschaft und

---

5 Tröster, Christian (2012): Leerstand bei Einfamilienhäusern: Alptraumhaus im Grünen, in: Spiegel Online, 06.11.2012, URL: www.spiegel.de/wirtschaft/cuxhaven-demografischer-wandel-bedroht-einfamilienhausviertel-a-863006.html (28.04.2013).

steigender Energiekosten entwickeln werden, ist eine bislang offene Frage. Viele Siedlungen sind in ihren baulichen Strukturen so wenig anpassungsfähig, äußerst monofunktional und von einer so geringen baulichen Dichte, dass ein herkömmlicher öffentlicher Nahverkehr oder fußläufig erreichbare Nahversorgung wie etwa Supermärkte kaum rentabel betrieben werden können. Auch hier bieten sich die Radialstraßen als potenzielle suburbane Zentren an.

Potenziale der Radialstraßen

Die (Re-)Urbanisierung der Hauptstraßen ist eine Aufgabe, die alle vier Säulen der nachhaltigen Stadtentwicklung betrifft: Ökonomie, Ökologie, sozialer Zusammenhalt und (Bau-)Kultur.

Wirtschaftliche Potenziale
An den Radialstraßen konzentrieren sich Wohnungen, Geschäfte, Gaststätten und Dienstleistungseinrichtungen. Das Wohn- und Geschäftshaus ist der wichtigste Gebäudetyp. Neben einigen Großbauten für Handel und Verwaltung sind die Radialstraßen eine einzigartige Bühne lokaler Ökonomie. Und sie sind eine künftige Adresse für den wachsenden Stadttourismus. Viele Radialstraßen werden von Adern des öffentlichen Nahverkehrs flankiert – von S-Bahntrassen, U-Bahn-Linien, Straßenbahnen und Bussen – und sind gleichzeitig Rückgrat des Wirtschafts- und Lieferverkehrs der Stadtregion.

Soziale Potenziale
Die Radialstraßen sind oft der zentrale »Salon« der umliegenden Quartiere, ein Ausdruck der dortigen sozialen Milieus. Sie wirken bis tief in die Kieze hinein und sind der Lebensraum sehr vieler Berliner. Die Radialstraßen mit ihren markanten Gebäuden bieten bedeutende Identifikationspunkte innerhalb der Stadtregion. Sie entscheiden darüber, ob die Bürger sich mit ihrem Quartier identifizieren oder nicht.

Ökologische Potenziale
Die Radialstraßen sind ein Schlüsselelement der nachhaltigen »Stadt der kurzen Wege«. An ihnen verknüpfen sich die Verkehrsarten: Fuß- und Radverkehr, öffentlicher Personennahverkehr und Autoverkehr. Diese Verknüpfung muss optimiert werden – in Richtung einer besseren Balance zwischen Lebensraum und Durchgangsverkehr. Die Radialstraßen sind das entscheidende Kettenglied eines nachhaltigen Mobilitätskonzepts.

(Bau-)Kulturelle Potenziale
Die Radialstraßen sind Brennpunkte des lokalen kulturellen Lebens, hier konzentrieren sich private und öffentliche Einrichtungen. Hier finden sich auch die bedeutendsten (historischen) Bauwerke der Stadtquartiere, etwa (ehemalige) Rathäuser, Kaufhäuser, Postämter, Theater und Bankgebäude.

Probleme der Radialstraßen

Eine Politik zur (Re-)Urbanisierung der Radialstraßen ist plausibel. Dennoch wird sie erst in Ansätzen verfolgt. Die vorhandenen Hindernisse finden sich auf unterschiedlichen Ebenen.

Radialstraßen sind durch den Autoverkehr entwertet
Die Radialstraßen wurden in den vergangenen 50 Jahren einseitig für den Autoverkehr umgestaltet, während das Leben entlang dieser Straßen immer unattraktiver wurde. Lärm und Abgase vertreiben viele Bewohner und urbane Einrichtungen.

Potenziale werden nicht genutzt
Potenziale – etwa an den Kreuzungsbereichen und Knotenpunkten mit anderen Verkehrstrassen, auch mit Wasserläufen – werden nicht immer erkannt und zu wenig aktiviert. Zurzeit werden die Radialstraßen vorrangig als Transitzonen und nicht als wichtige urbane Räume, die es zu revitalisieren und zu qualifizieren gilt, wahrgenommen.

Radialstraßen konkurrieren mit Einkaufszentren
Viele früher so begehrte Hauptstraßenlagen sind heute wenig attraktiv. Traditionell wichtige Nutzungen an den Radialstraßen in bedeutenden Gebäuden stehen zur Disposition: Kaufhäuser, Postämter, Markthallen etc. Nicht integrierte Einkaufszentren – innerhalb der Stadt und auf der grünen Wiese – erschweren den kleinen Geschäften das Leben, sie bedrohen ganze Hauptstraßen, wenn sie jenseits dieser Straßen verortet werden. Das Potenzial vorhandener kleiner Nahversorgungszentren entlang der Radialstraßen und in den angrenzenden Stadtbereichen wird zurzeit vernachlässigt. Diese verfallen und sind von Leerstand gekennzeichnet.

Zuständigkeiten sind fragmentiert
In den öffentlichen Verwaltungen werden die Bereiche Verkehr, Wirtschaft, Stadtentwicklung und Soziales säuberlich getrennt. Die überkommene Ressortverteilung erschwert die Orientierung auf eine

integrierte, nachhaltige Stadtentwicklung. Zudem erstrecken sich die Radialstraßen über mehrere Stadtteile und Bezirke und sogar über die Landesgrenzen hinaus. Keine Institution widmet sich der jeweiligen Radialstraße jedoch als Ganzes. Dadurch werden mögliche Synergieeffekte geschmälert und die Wirkung einzelner Maßnahmen wird geschwächt.

Struktur des Buchs

In dem vorliegenden Buch wird vorgeschlagen, die (Re-)Urbanisierung der Hauptstraßen der Großstadt, vor allem ihrer Radialstraßen, als Kernaufgabe eines stadtregionalen Städtebaus, von uns *Radial Urbanism* genannt, zu begreifen. Der Hauptteil, dem ein Text zur Geschichte der Hauptstraßen vorangestellt ist, ist in zwei große Kapitel gegliedert: *Hauptstraßen in Berlin* und *Hauptstraßen anderswo*, das heißt in Paris, Wien, London, New York und Los Angeles. Im Berlin-Kapitel werden acht Hauptstraßen vorgestellt – ihr Verlauf, ihre Geschichte, ihre Probleme und Potenziale sowie exemplarisch auch Lösungsvorschläge. Das darauf folgende Kapitel präsentiert Städte in Europa und den USA, in denen die Überlegungen zur Reurbanisierung der Hauptstraßen größtenteils schon weiter vorangeschritten sind. Diese beiden Hauptkapitel werden durch die Statements von zwei Schlüsselpersonen der deutschen Stadtentwicklung, Thomas Sieverts und Martin zur Nedden, eingefasst. Die Texte bauen auf zahlreichen fachlichen Artikeln auf und knüpfen an Tagungen an, die von uns seit 2010 zu diesem Thema veranstaltet wurden.[6]

Obwohl die Texte von unterschiedlichen Autoren bearbeitet wurden, ist dieses Buch kein klassischer Sammelband, sondern folgt einer gemeinsam erarbeiteten Struktur. Das Spektrum der Autoren unterstreicht die intensive Zusammenarbeit zwischen dem Fachgebiet

---

6 Vgl. Bodenschatz, Harald / Machleidt, Hildebrand (2010): Radikal Radial, in: Der Tagesspiegel, 07.11.2010 (S. 12); Planungsbüro Gruppe DASS / Machleidt + Partner Büro für Städtebau / Think Berl!n (2010): Radikal Radial! Wiederbelebung von Hauptstraßen, Berlin; Bodenschatz, Harald (2011): Zukunftsprojekt Radikal Radial: Reurbanisierung der großen Ausfallstraßen!, in: Christ, Wolfgang (Hg.): Berlin> <Los Angeles. Reurbanisierung der Moderne. Weimar, S. 36–47; Hofmann, Aljoscha / Polinna, Cordelia / Schlaack, Johanna (2011): Diese Stadt ist keine Insel mehr, in: Der Tagesspiegel, 01.07.2011; Hofmann, Aljoscha (2011): Radical Radial! Re-Urbanisation of main streets, in: Bauerfeind, Bettina / Fokdal, Josefine (Hg.): Bridging Urbanities. Reflections on Urban Design in Shanghai and Berlin, Schriften der Habitat Unit der TU Berlin, Bd. 17, Berlin, S. 87–92; Bodenschatz, Harald (2012): Lob der Hauptstraße, in: Deutsches Architektenblatt, 09/2012, S. 22–25; Hofmann, Aljoscha (2013): Vom Verkehrsraum zum Lebensraum. Radikal Radial – Wiederbelebung von Hauptstraßen in Berlin, in: SRL (Hg.): Der große Plan. Aktuelle Beiträge zum Städtebau, Berlin, S. 99–105.
Vgl. weiter http://www.think-berlin.de/category/projekte/radikal-radial (06.07.2013).

Planungs- und Architektursoziologie und dem Center for Metropolitan Studies der TU Berlin sowie zwischen der Bauhaus-Universität Weimar und der TU Berlin zu diesem Thema.

Ausblick

Die Radialstraße ist der Schlüsselort für eine nachhaltige und integrierte Stadtentwicklung, für die notwendige Vernetzung der Förderung postfossiler Mobilität, der Förderung des sozialen Zusammenhalts und der Förderung einer neuen stadttechnischen Infrastruktur. Die Städte brauchen die Radialstraßen als qualifizierte, urbane Stadträume, denn die Menschen suchen in zunehmenden Maße urbane Lebensräume, die die bisherigen Innenstädte in Zukunft nicht mehr ausreichend bereitstellen können: Die begehrte Urbanität der inneren Stadt könnte durch die städtebauliche Qualifizierung der alten Hauptstraßen, der von ihnen durchquerten Stadtteilzentren und ihres Umfelds auf wirksame Weise erweitert werden und einen wichtigen Beitrag zur Frage von Verfügbarkeit und Bezahlbarkeit städtischer Räume leisten.

Die gegenwärtige Umorientierung in Richtung einer neuen Mobilität eröffnet die große Chance, die ehemaligen Kraftadern der Stadtregion wieder zu urbanisieren. Es ist allerdings erstaunlich, wie wenig in Deutschland bisher die Hauptstraßen im Allgemeinen und die Ausfallstraßen im Besonderen präsent sind – im politischen Diskurs, im professionellen Diskurs, im akademischen Diskurs. Im internationalen Rahmen ist das keineswegs überall so. Gerade die Bedeutung dieses Themas war ein Grund dafür, das Konzept *Radikal Radial! Wiederbelebung von Hauptstraßen* bereits 2010 für eine Internationale Bauausstellung in Berlin vorzuschlagen.

An der Bundesstraße 1, die Berlin mit Potsdam verbindet, markiert das ab 1968 errichtete Hochhaus Steglitzer Kreisel den Übergang zwischen Innenstadt und Außenstadt. Dieses skandalumwitterte Produkt des West-Berliner Subventionsstädtebaus stellt das Steglitzer Schloss (links im Bild) wie das Steglitzer Rathaus (sichtbar ist der kleine Turm in der Mitte) in den Schatten. Südlich des riesigen Kreisel-Parkhauses trifft die Bundesstraße auf das Ende der Stadtautobahn Westtangente und bildet einen der unwirtlichsten »Plätze« Berlins (im Vordergrund). Eine Reurbanisierung des gesamten Areals, auf dem sich noch bis in die Sechzigerjahre des 20. Jahrhunderts hinein das Dorf Steglitz erstreckte, wäre ein Modellprojekt des Umbaus eines stadtregional wichtigen Stücks autogerechter innerer Peripherie (2013).
Foto: Mila Hacke

Historischer Überblick

Aufstieg und Fall der großstädtischen Hauptstraßen

Harald Bodenschatz

Die Geschichte der europäischen Stadt ist vor allem eine Geschichte ihrer öffentlichen Räume, ihrer Straßen und Plätze. Die *städtische* Straße war im antiken Griechenland, im antiken Rom und im Mittelalter die Bühne der Stadt, der Ort des städtischen Lebens, des Handels, der spektakulären Ereignisse; sie war immer beides zugleich, ein Ort des Durchgangs und ein Ort des Bleibens. Hier stellten die Stadtbürger nicht nur ihre Hausfassaden zur Schau, sondern im Erdgeschoss auch ihre Waren und Dienstleistungen. Die Breite der Straße war Ausdruck ihrer besonderen Funktion, als Hauptverkehrsstraße, als Marktstraße, aber auch als Repräsentationsraum.

Die Straßen der europäischen Stadt waren immer hierarchisiert, wenngleich in unterschiedlicher Weise. In den rational angelegten Städten mit Gittergrundriss etwa gab es nur wenige Hauptstraßen, die herausragten. Das System von Haupt- und Nebenstraßen, verbunden mit einer unterschiedlichen Nutzungsart und -intensität, aber auch mit einem unterschiedlichen sozialen Charakter, konstituierte die europäische Stadt. Insofern war keine Straße gleich, jede hatte ihren besonderen Charakter, und das Zusammenspiel der vielen besonderen Straßen und Plätze schuf den besonderen Charakter einer Stadt.

Bereits in der römischen Antike war die Straße auch der Trägerraum der Stadttechnik, etwa der Entwässerungskanäle. Diese Errungenschaft ging aber mit dem Fall des römischen Imperiums wieder verloren. Die Straßen des Mittelalters waren daher für das Auge oft eine Wohltat, für die Nase aber nicht. In sozialer Hinsicht waren die Straßen öffentlich, was aber keineswegs hieß, dass jeder dort machen konnte, was er wollte. Es gab Verhaltensregeln, nicht nur hinsichtlich des Bettelns. Es existierten auch klare soziale Hierarchien: In der Zeit

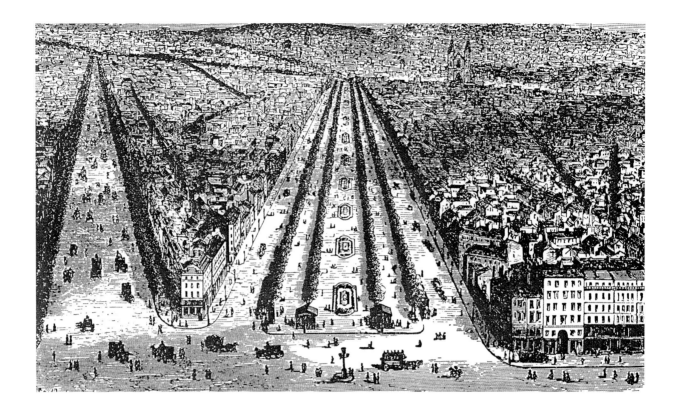

Paris: Boulevard Richard Lenoir, 1863
Quelle: Harlander, Tilman (Hg.): Stadtwohnen. Geschichte Städtebau Perspektiven, München 2007, S. 113

des Absolutismus etwa musste ein einfacher Bürger den Herrschaften Platz machen, insbesondere hatte er hierzu die bequemen und sauberen Steinplatten auf den Fußwegen zu räumen.

Um 1860: Entstehung eines neuen Straßentyps – der großstädtischen Hauptstraße

Zur Mitte des 19. Jahrhunderts entstand ein besonderer Typ der Stadtstraße: die großstädtische Hauptstraße, die zur Bühne einer neuen, emporsteigenden sozialen Schicht werden sollte. Bekanntestes Beispiel dieses neuen Typs sind die großen Boulevards, die Baron Haussmann in Paris seit den 1860er Jahren durch die alte Stadt schlagen ließ. Diese Straßen waren eine Revolution: Sie waren viel breiter als die breitesten Straßen der alten Stadt, sie waren gerade, verbanden wichtige Errungenschaften der neuen bürgerlichen Großstadt wie Opern, Theater und Bahnhöfe sowie boten dem Bürgertum eine Promenade, einen Ort zum Flanieren und Sitzen, zum Sehen und Gesehenwerden. Kurzum:

Wien: Ringstraße, Blick auf den Opernring, 1873

Quelle: Kostof, Spiro: Das Gesicht der Stadt, Frankfurt/New York 1992, S. 225

Sie schufen einen städtischen Raum für das Bürgertum, sie erlaubten die Urbanisierung des Bürgertums. Die Gebäude entlang der neuen Pariser Boulevards waren in vertikaler Hinsicht sozial durchmischt: Dort residierte in den prächtigen Hauptgeschossen das Bürgertum, während unter dem Dach das Dienstpersonal wohnte. Unmittelbar hinter den neuen Gebäuden befand sich weiterhin das Gewirr der engen Straßen und kleinen Häuser des alten Paris. Diese Art der Stadtentwicklung war ein anderer Weg als in den USA und in England, wo damals der Weg der Suburbanisierung des Bürgertums dominierte.

Um 1860 wurde auch das Beispiel Wien ausgiebig diskutiert. Dort entstand mit der Ringstraße ein bis dahin unvorstellbarer prächtiger Straßenzug, der die Urbanisierung der sozialen Oberschicht ermöglichte. In den aufwendig gestalteten Wohnpalästen befanden sich riesige Wohnungen und in den Erdgeschosszonen erstreckten sich teure Läden und Kaffeehäuser. Neben Wien und Paris gab es damals noch ein drittes Beispiel, das bis heute große Aufmerksamkeit auf sich zieht: die von Ildefons Cerdà geplante Stadterweiterung von Barcelona. Cerdà

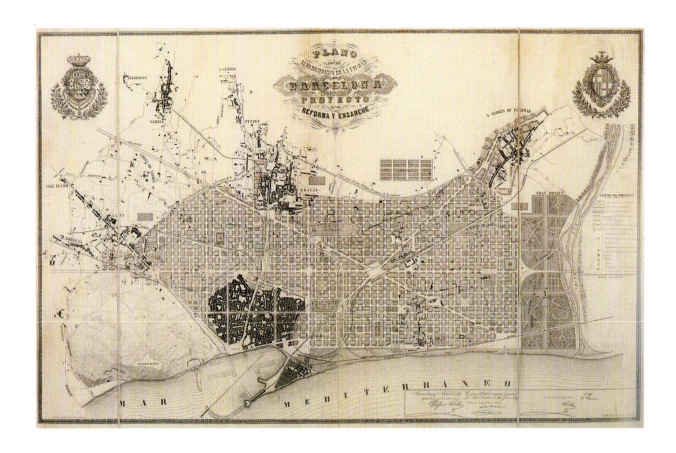

Barcelona: Stadterweiterungsplan von Ildefons Cerdà von 1859

Quelle: 1859–2009. El »Ensanche« de Cerdà. Ingeniería y territorio 88/2009, S. 28

plante eine gewaltige Stadterweiterung, die sich radikal von der alten Stadt unterschied: Es gab dort breite Straßen, die in einem Gitter organisiert wurden – scheinbar ohne Hierarchie. In der Tat waren nur wenige Straßen herausgehoben: die große Diagonalstraße und die Straße, die die Altstadt mit der historischen Vorstadt Gràcia verband, also die Straße, die bald zur prächtigsten und angesehensten der Stadt werden sollte. Auch Berlin erhielt um 1860 seine große Stadterweiterung. James Hobrecht entwarf damals einen Plan für das Wachstum Berlins, der nichts anderes war als ein Straßenplan. Die Prachtstraße der Stadterweiterung war eine Ringstraße, deren Umsetzung jedoch vor allem durch Eisenbahntrassen behindert wurde. Der »Generalszug« (Yorckstraße/Gneisenaustraße) im Süden des Zentrums kündet noch heute von dieser Ringstraßenplanung. Hobrecht erkannte aber auch das Potenzial der Ausfallstraßen, die er in seinem Plan gebührend hervorhob, wenngleich deren Verlauf innerhalb des Plangebiets relativ kurz war.

Berlin: Stadterweiterungsplan von James Hobrecht, 1862

Quelle: Hermann-Henselmann-Stiftung (Hg.): Flyer 150 Jahre Hobrecht-Plan für Berlin, 2012

Interessant sind die unterschiedlichen Produktionsbedingungen der ersten großstädtischen Straßen: In Paris war es die Initiative der öffentlichen Hand, die den Bau der Straße wesentlich über die abgeschöpften Gewinne, die sich aus dem gestiegenen Bodenwert entlang der Boulevards ergaben, finanzierte. Das war ein gigantisches privates Geschäft, das von der öffentlichen Hand vermittelt, ja erst ermöglicht wurde. Architekten spielten dabei keine führende Rolle. In Wien war es die öffentliche Hand, die den Vorgang genauestens steuerte und kontrollierte und die mit der Bereitstellung öffentlichen Bodens indirekt die großzügigen Freiräume und breiten Straßen finanzierte. Die städtebauliche Gestaltung war zudem Gegenstand eines Wettbewerbs, so dass die Architekten eine wichtige Rolle spielen konnten. In Barcelona war es ein Ingenieur, der im Auftrag des spanischen Zentralstaates die Stadterweiterung plante, deren Durchführung aber den Privaten überlassen wurde. Vor diesem Hintergrund konnten viele

Berlin: Berliner Straße in Tempelhof während der Kaiserzeit

Quelle: Zeitgenössische Postkarte, in: Christoffel, Udo (Hg.): Berlin in Bildpostkarten. Das alte Berlin und die Bezirke der Verwaltung, Berlin 1987

ambitionierte Ziele Cerdàs nicht durchgesetzt werden. Und auch in der preußischen Hauptstadt plante ein Ingenieur, James Hobrecht, für den Staat die Erweiterung Berlins, die dann durch die private Bau- und Bodenspekulation durchgeführt wurde. Heute werden all diese Straßen der großen Pläne um 1860 wieder geschätzt, sei es in Paris, in Wien, in Barcelona oder in Berlin. Diese Straßen prägen nicht nur das städtische Leben vor Ort, sondern auch das Image dieser Städte.

Um 1910: Konsolidierung und Blütezeit der großstädtischen Hauptstraße

50 Jahre später, um 1910, war der Großstadttyp der Hauptstraße ausgereift. Er fand sich in allen europäischen Großstädten sowie auch in den USA. In den Großstadtzentren war die »Bahnhofstraße«, die Straße zwischen dem Bahnhof und den alten zentralen Orten, inzwischen oft die bekannteste und teuerste Hauptstraße geworden. Daneben waren es vor allem die großen Ausfallstraßen, welche die rapide wachsenden Großstadtregionen prägten. Dort erhoben sich Rathäuser, Kaufhäuser, Postämter, Banken, kulturelle Einrichtungen, prächtige Wohnungen, Kirchen, vor allem aber der wichtigste Bautyp der großstädtischen Hauptstraße: das Wohn- und Geschäftshaus. Dazu kamen – als europäische Besonderheit – noch die alten, historischen Dörfer, die bis Mitte des 19. Jahrhunderts frei in der Landschaft standen, im Prozess des städtischen Wachstums dann aber überrollt

Berlin: Karl-Marx-Straße in Neukölln während der Kaiserzeit

Quelle: Zeitgenössische Postkarte, in: Christoffel, Udo (Hg.): Berlin in Bildpostkarten. Das alte Berlin und die Bezirke der Verwaltung, Berlin 1987

und der Großstadt einverleibt wurden. Für die Anlage und Pflege der Hauptstraßen waren die Städte zuständig, während die Bauten an den Straßen in der Regel von privaten Bauherren errichtet wurden.

Um 1910, kurz vor dem massenhaften Auftritt des privaten Automobils, war die größte Blütezeit der großstädtischen Hauptstraßen. Ohne Hauptstraßen waren damals Großstädte undenkbar. Wie schon im antiken Rom waren die Hauptstraßen beides zugleich: Durchgangsräume und Verweilräume. Sie dienten vor allem den Fußgängern, aber auch den öffentlichen und privaten Transportmitteln. Sie hielten die Großstädte im wahrsten Sinne des Wortes zusammen, waren ihr urbanes Rückgrat und gliederten in den Köpfen der Menschen den riesigen Raum der Metropole. Jede der großen Straßen war anders und jede dieser Straßen veränderte sich ständig in ihrem Verlauf. Zusammen bildeten sie einen einzigartigen Reichtum urbaner Räume, den nur Großstädte besaßen. Die Hauptstraßen mit ihren Gebäuden waren aber nicht nur für das Funktionieren, das Bild und die Repräsentation der großen Städte unverzichtbar. Sie waren auch der Stolz der umliegenden Stadtteile, sie stifteten deren Identität.

Als Berlin noch eine kleine Stadt war, zur Mitte des 19. Jahrhunderts, war sie mit anderen Städten durch große Überlandstraßen verbunden, die an den Stadttoren ihren Ausgang nahmen. Diese Straßen, oft Alleen, avancierten während des stürmischen Wachstums von Berlin insbesondere in den 1890er bis 1910er Jahren zu innerstädtischen Hauptstraßen, die auch Ausfallstraßen oder Radialstraßen genannt

Berlin: Schlossstraße in Steglitz während der Kaiserzeit

Quelle: Zeitgenössische Postkarte, in: Christoffel, Udo (Hg.): Berlin in Bildpostkarten. Das alte Berlin und die Bezirke der Verwaltung, Berlin 1987

wurden. Es sind dies heute etwa die Frankfurter Allee, die Landsberger Allee, die Greifswalder Allee, die Prenzlauer Allee, die Schönhauser Allee, die Müllerstraße, der Kaiserdamm und die Bundesstraße Nr. 1 zwischen Berlin und Potsdam, der Tempelhofer Damm. Diese Straßen haben oft mehrere Namen, etwa Mehringdamm, Tempelhofer Damm, Mariendorfer Damm, Lichtenrader Damm. Zu den großen historischen Ausfallstraßen kamen in der zweiten Hälfte des 19. Jahrhunderts nur mehr wenige neue Hauptstraßenzüge hinzu: etwa die Bundesallee, die Karl-Marx-Straße, die Brunnenstraße oder der Kurfürstendamm. Unsere Vorstellung von den Hauptstraßen der Großstadt beruht auf der über Bilder vermittelten Erinnerung an die großen Straßen vor dem Ersten Weltkrieg. Dieser Straßentyp verklärt sich – nicht ganz zu Unrecht – im gesellschaftlichen Gedächtnis heute zur Verkörperung der »Urbanität« schlechthin. Nicht nur Architekten und Stadtplaner haben diesen Straßen ihre schillernde und manchmal sich verändernde Bedeutung gegeben, sondern vor allem die Menschen, die in diesen Straßen gearbeitet, gekauft, sich vergnügt, gewohnt, protestiert und gelebt haben.

Um 1960: Verfall der großstädtischen Hauptstraße zur Automobilpiste

Wieder 50 Jahre später, um 1960, hatten sich die Verhältnisse völlig geändert. Zwar waren viele innerstädtische Straßen immer noch so breit wie um 1910, ihr Gebrauch wurde aber revolutioniert. Und zwar mit einem Großeinsatz öffentlicher Gelder. Aus städtischen Lebens- und Bewegungsräumen wurden Mobilitätsräume vor allem für ein Verkehrsmittel, das Automobil. Das hatte dramatische Konsequenzen: Die Fußwege wurden schmaler, das Grün auf der Straße wurde reduziert oder verschwand ganz, die Vorherrschaft hatte das Auto übernommen und mit ihm beherrschen nunmehr Lärm, Abgase und neue Gefahren die Hauptstraße. Viele Nutzer und Nutzungen wurden so vertrieben. Wer lebte denn noch gern in den Prachtwohnungen entlang der Hauptstraßen? Wer ging dort noch gern einkaufen? Die Bürger waren nicht mehr stolz auf ihre Hauptstraßen. Aus erstklassigen Lagen wurden drittklassige Lagen. Die Hauptstraßen hatten ihre Attraktivität, ihre Magie verloren. Diese Entwicklung fand in Europa deutlich später statt als in den USA. Während in den USA mit dem Modell Ford T bereits in der Zwischenkriegszeit ein Massenautomobil den Siegeszug angetreten hatte, verbreitete sich dieses in Europa erst nach dem Zweiten Weltkrieg, etwa mit dem Volkswagen. In Deutschland gab es noch eine Besonderheit: Infolge der erheblichen Kriegszerstörungen nutzten viele Politiker und Planer die Chance, durch die Ruinenfelder der Innenstädte zusätzliche neue, breite Autoverkehrsstraßen zu schlagen. Berlin ging dabei am weitesten: Hier wurde nach dem Vorbild von Los Angeles ein Stadtautobahnsystem geplant.

Hamburg: in den Fünfzigerjahren realisierter Durchbruch der Ost-West-Straße, frühe Siebzigerjahre

Quelle: Tamms, Friedrich / Wortmann, Wilhelm: Städtebau. Darmstadt 1973, S. 251

Neben dem Umbau der innerstädtischen Hauptstraßen muss eine weitere gravierende Entwicklung hervorgehoben werden: der Ausbau der peripheren Hauptstraßen. An und neben diesen äußeren Hauptstraßen entwickelte sich nach dem Ersten Weltkrieg eine ganz andere Bebauung als in den Innenstädten. Dazu gehören die geplanten Wohnsiedlungen der Zwanziger-, Dreißiger- und Fünfzigerjahre, die Großwohnsiedlungen, die zwischen den Sechziger- und den Achtzigerjahren entstanden, und schließlich der wenig spektakuläre, alltägliche *sprawl*, also die zersiedelte Stadtlandschaft. Diese Siedlungstypen unterscheiden sich vollständig vom vorherrschenden Bebauungstyp der Innenstadt. Die Bebauung an der städtischen Peripherie ist verinselt und introvertiert, die Innenstadt vernetzt und sich öffnend. Anders als in der Innenstadt finden sich in der Peripherie entlang der Ausfallstraßen keine urbanen Lebensräume, kaum Wohn- und Geschäftshäuser, keine kleinteilig parzellierten Korridorstraßen, an denen sich fußgängergerechte zentrale Funktionen bündeln. Sie sind vor allem autogerechte Erschließungsräume, ohne städtische Randbebauung, ohne zentrale Funktionen, ohne interessante Lebensräume für Fußgänger. Denn die Versorgungs- und Dienstleistungseinrichtungen in der Außenstadt befinden sich entweder im Inneren der Siedlungen, die wiederum den Ausfallstraßen ihren Rücken zeigen, oder sie liegen

Links: Düsseldorf, Hochstraße am
Jan-Wellem-Platz, Sechzigerjahre

*Quelle: Hollatz, Josef-Walter / Tamms, Friedrich (Hg.):
Die kommunalen Verkehrsprobleme in der Bundesrepublik
Deutschland, Essen 1965, S. 255*

Rechts: Stuttgart, Straßenknoten am
Österreichischen Platz, Sechzigerjahre

*Quelle: Hollatz, Josef-Walter / Tamms, Friedrich (Hg.):
Die kommunalen Verkehrsprobleme in der Bundesrepublik
Deutschland, Essen 1965, S. 251*

vereinzelt an den Ausfallstraßen selbst, dann aber oft in noch stärker introvertierter Form wie etwa bei Shoppingcentern oder in Form einer *strip*-Nutzung mit Parkplätzen direkt an der Straße und in die Tiefe des Grundstücks versetzten, oft flachen Gebäuden wie in den USA. Lediglich die in der Peripherie gelegenen historischen Dörfer entsprechen nicht diesem Typ.

Um 2010: Chance der Renaissance der großstädtischen Hauptstraße

Heute, also nochmals 50 Jahre später, sind die Verhältnisse wiederum einem starken Wandel unterworfen. Der Klimawandel wie die Energiekrise verändern das Verhalten der Menschen: Neben das Automobil treten andere Verkehrsmittel in den Vordergrund, etwa das Fahrrad. Bei jungen Leuten ist das Automobil nicht mehr so selbstverständlich ein herausragendes Statussymbol wie früher. Zugleich verändert sich das Automobil selbst, es wird leiser, verbraucht weniger Energie und produziert weniger Schadstoffe. Veränderte Freizeitgewohnheiten, unterstützt von einer Zunahme der Singlehaushalte, fördern eine neue Kultur des Verweilens und Konsumierens auf der Straße. *Cappuccino Urbanism* wurde diese Entwicklung genannt, ja ein wenig verspottet. Eine veränderte Mobilität und ein verändertes Verhalten im öffentlichen Raum werden die Straßen in den Städten verändern. Damit dies nachhaltig geschieht, bedarf es schon heute Weichenstellungen der öffentlichen Hand.

Madrid: neu gestalteter Paseo de Recoletos, 2012
Foto: Harald Bodenschatz

Hauptstraßen in Berlin

Quelle: Malte Wittenberg (für Planungsgruppe DASS / Polinna Hauck Landscape + Urbanism)

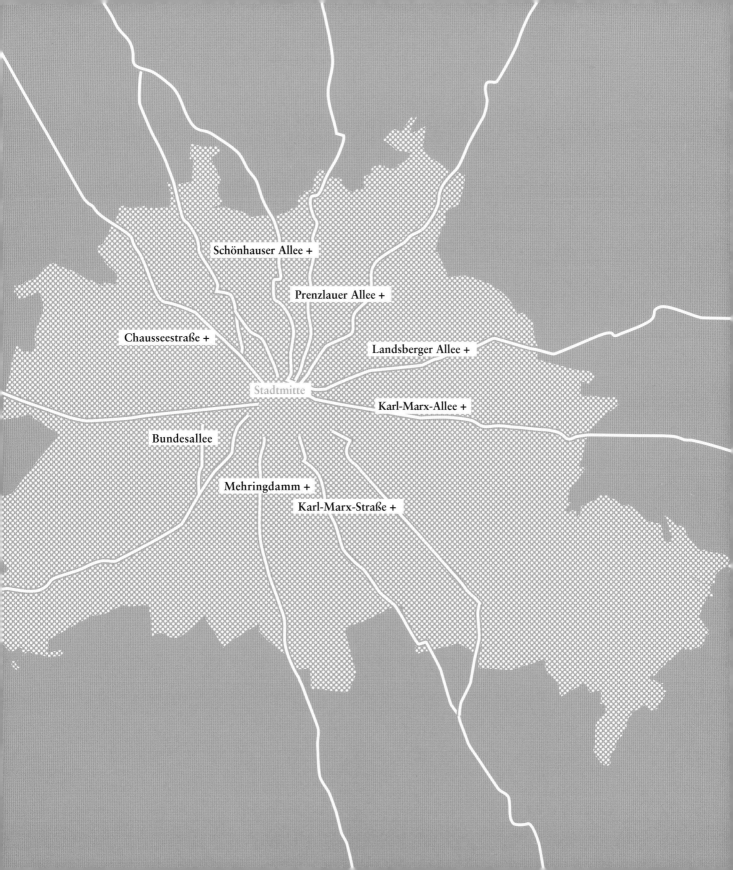

Chausseestraße plus

Aljoscha Hofmann / Cordelia Polinna

Die als Chausseestraße startende Radialstraße des Berliner Nordwestens ist eine einzigartige Achse der Industriegeschichte. Sie führt vorbei an den ersten Manufakturen und industriellen Standorten nördlich der Oranienburger Vorstadt, durchquert dann die Arbeitermietkasernenquartiere des Wedding und weiter nördlich die Reformsiedlungen aus der Zwischenkriegszeit und erreicht dann die gegen Ende des 19. Jahrhunderts nach Tegel verlagerten Borsigwerke. Ein wichtiger Grund für die Anlage der Straße war die Verbindung des Tegeler Schlosses, dem Anwesen der Brüder Alexander und Wilhelm von Humboldt, mit Berlin ab 1800.[7]

Mehrfach ändert die Chausseestraße in ihrem Verlauf ihren Namen: Den Wedding durchquert sie als Müllerstraße, kurz vor dem Kurt-Schumacher-Platz wird sie zur Scharnweberstraße, in Tegel dann zur Seidel- und schließlich zur Berliner Straße. Neben ihr verläuft bis Tegel unterirdisch die U-Bahn-Linie 6. Hinter Tegel durchquert die Radialstraße unter dem Namen Ruppiner Chaussee Schulzendorf, verlässt dann Berlin, wird zur Ruppiner Straße, quert als Berliner Straße

Einzigartige Achse der Industriegeschichte: die als Chausseestraße startende Radialstraße des Berliner Nordwestens (2013)
Foto: Philipp Meuser

---

7 Die Darstellung der Chausseestraße stützt sich auf Ergebnisse eines Seminars, das Harald Bodenschatz zusammen mit der Tutorin Mari Pape im Jahr 2011 an der TU Berlin durchführte. An den schriftlichen Ausarbeitungen waren folgende Studierende beteiligt: Afraa Aldaryousi, Mohamad Wasim Almattar, Djamila Amani, Johanna Barthen, Moritz Baur, Norman Beutel, Dania Brächter, Khoi Bui, Philipp Bungartz, Ismail Cinücen, Nadina Dienel, Christina Eigendorf, Fairouz Gaber, Stefan Gant, Susanne Graunitz, Karolina Groblewska, Evia Gurzinski, Amjad Harfoush, Mario Hörcher, Shan Hu, Csilla Jeles, Xiao Jiang, Jascha Lehmann, Anke Lieschke, Florian Mathon, Anh Nguyen Tuan, Dorota Przydrozna, Ludwig Schaefer, Maximilian Schmidt, Katharina Schroth, Susanne Schuberth, Elisabeth Schwarz, Susanne Schwarzer, Carolin Seib, Irina Stier, Alexandra Thom, Peter Tietgen, Philipp Vargas, Helena Wagner, Sebastian Welzel.

Hennigsdorf und vermittelt als Veltener Straße, Berliner Straße, Breite Straße und Germendorfer Straße nach Velten und zum Berliner Ring.

Chausseestraße: Friedhöfe, Industriegeschichte, Bundesnachrichtendienst

Ihren Anfang nimmt die Chausseestraße als typische Straße vor den Toren Berlins. Der Friedhof der Dorotheenstädtischen und Friedrichswerderschen Gemeinden liegt außerhalb der ehemaligen Stadtmauer auf der Westseite der Straße. Eher versteckt sind die Zeugnisse der frühen industriellen Geschichte Preußens. An der Ecke zur Torstraße befand sich bis 1886 die Maschinenbauanstalt von August Borsig, die später zunächst nach Moabit und dann weiter nördlich nach Tegel zog. Zahlreiche Betriebe der aufkommenden Schwerindustrie siedelten sich im Gebiet an, das aufgrund der vielen Schornsteine bald den umgangssprachlichen Namen Feuerland trug, etwa die Berliner Maschinenbau-Actien-Gesellschaft vormals L. Schwartzkopff oder die Actiengesellschaft für Eisenbahnbedarf. Schon 1851 gründete Ernst Schering in der Chausseestraße sein pharmazeutisches Unternehmen, das 1864 weiter nach Norden an die Müllerstraße zog, um seinen zunehmenden Flächenbedarf zu befriedigen.[8] Diese dynamischen Nutzungen spiegeln sich auch heute noch in sehr heterogener Bebauung wider. Prunkvolle Fassaden wechseln sich ab mit Gewerbehöfen und aufgelassenen Flächen, die in den vergangenen 20 Jahren Kreativen – vor allem aus dem Bereich der Internetbranche – Experimentierfelder boten, so dass die Straße vor dem Platzen der New-Economy-Blase um das Jahr 2000 den Beinamen Silicon Alley trug. Der Straßenquerschnitt ist in diesem südlichsten Abschnitt sehr eng – hier gibt es nur eine Fahrspur pro Richtung, die zudem noch mit der Straßenbahn geteilt wird. Die Straße wirkt hier vergleichsweise belebt, auch Touristen verirren sich aufgrund einiger Hotels, der auf den Friedhöfen begrabenen Persönlichkeiten und wegen des Brecht-Hauses in das Quartier.

Zwischen dem Neubau der Zentrale des Bundesnachrichtendienstes (BND) nach Plänen von Kleihues + Kleihues und der Ringbahn dominieren große Gebäudekomplexe die Radialstraße und ihr Charakter verändert sich deutlich. Auf dem Gelände eines ehemaligen Exerzierplatzes war anlässlich der X. Weltjugendfestspiele in Ost-Berlin 1973 das Stadion der Weltjugend errichtet worden, das nach dem Fall der

---

8 Schwarz, Karl/Bohle, Sabine (1981): Kompaß. Leitfaden zum Lehrpfad zu historischen Stätten des Berliner Nordens, Berlin, (Berlin: Von der Residenzstadt zur Industriemetropole, Bd. II, Kompaß), S. 145.

Der Neubau des Bundesnachrichtendienstes von Kleihues + Kleihues präsentiert sich abweisend zur Straße (2013).
Foto: Mila Hacke

Mauer abgerissen wurde. Die Brache wurde in den folgenden Jahren von verschiedenen Zwischennutzern vor allem als Sportfläche genutzt – als Golfabschlagplatz, Beachvolleyball-Anlage oder auch als Nikepark. Seit 2004 entsteht hier der hermetisch abgeriegelte, abweisende Gebäudekomplex für den BND, der die Straße auf einer Länge von etwa 500 Metern flankiert. Ob die bis zu 5.000 Mitarbeiter zu einer Belebung der eher ausgestorben wirkenden Straße beitragen werden, ist fraglich. Dabei bietet vor allem der Pankegrünzug einen weiteren Anziehungspunkt, wird doch der Lauf dieses stark reglementierten Flüsschens seit 2005 naturnah und klimawandelgerecht umgestaltet, so dass eine attraktive Grünverbindung im Norden Berlins entsteht, die die angrenzenden Quartiere miteinander verknüpft.

Müllerstraße: Geschäftszentrum und Wohnstraße

Der Mega-Gebäudekomplex von Bayer HealthCare Pharmaceuticals – eine weithin sichtbare städtebauliche Dominante – markiert den Übergang in die Müllerstraße. Ab 1968 wurde die Erweiterung und Neuordnung der seit 1864 ansässigen Firmenanlagen geplant und umgesetzt. Hier wird die Radialstraße stark aufgeweitet, ein Mittelstreifen wirkt zusätzlich trennend.
Ab dem S-Bahnhof Wedding beginnt das Geschäftszentrum des Stadtteils mit seinen zahlreichen Gastronomie- und Einzelhandelseinrichtungen. Allerdings ist die Kaufkraft der Bewohner in den umliegenden Quartieren gering und die Verkehrsbelastung hoch. Zudem werden

Dreh- und Angelpunkt des Quartiers: Der Leopoldplatz wird durch die Alte Nazarethkirche und das Warenhaus Karstadt geprägt (2013).

Foto: Mila Hacke

die Fahrbahnen durch einen Mittelstreifen mit Zäunen getrennt. Die Gehsteige sind zwar breit, oft jedoch durch Straßenmöbel verstellt. Fahrradwege gibt es bislang nicht. All dies hat dazu geführt, dass aus der Müllerstraße mehr und mehr eine Geschäftsstraße mit »Billig-Image« geworden ist, in der viele Händler ums Überleben kämpfen und die Fluktuation der Gewerbetreibenden hoch ist. Auch das Karstadt-Warenhaus von 1978 ist mit seiner dunklen, klobigen Fassade nicht mehr zeitgemäß.

Der Leopoldplatz bildet das administrative Zentrum des Wedding. Hier erheben sich zwei markante Bauten: die Alte Nazarethkirche von Karl Friedrich Schinkel (errichtet 1832–1835) und das auf der anderen Straßenseite liegende, 1928–1930 nach Plänen von Friedrich Hellwig erbaute Rathaus Wedding, ein Klinkerbau im Stil der Neuen Sachlichkeit. 1962–1964 wurde das Rathaus mit einem von der Straße abgerückten Sichtbetonhochhaus nach Plänen von Fritz Bornemann im Stil der Moderne erweitert. Daneben, im ehemaligen Saal der Bezirksverordnetenversammlung, ist heute die Stadtbibliothek untergebracht. Das Umfeld des Leopoldplatzes wird seit 2009 durch das Programm *Aktive Zentren* gefördert. Mit mehr oder weniger Erfolg wird versucht, durch landschaftsarchitektonische oder »aktivierende« Maßnahmen die Aufenthaltsqualität der öffentlichen Räume zu erhöhen und die Geschäftsstraße für Gewerbetreibende und Nutzer, aber auch für Investoren attraktiver zu machen.

Seit April 2011 ist die Müllerstraße darüber hinaus Sanierungsgebiet. Die nördliche Müllerstraße zeugt in ihrer baulichen Gestaltung von

Der Kurt-Schumacher-Platz ist mehr ein Verkehrsknotenpunkt als ein Stadtplatz. Stadtmöbel und Gitter versperren die Sicht und trennen die Platzkanten (2013).
Foto: Mila Hacke

der Geschichte des Wedding als Arbeiterwohnquartier und den Bemühungen der Zwischenkriegszeit, neue Wohnquartiere für Arbeiter und Angestellte zu schaffen. Viele Projekte des Reformwohnungsbaus, etwa der 1925–1927 errichtete expressionistische Straßenbahnbetriebshof Müllerstraße mit 300 Wohnungen oder die 1928–1939 nach einem Gesamtplan von Paul Mebes und Paul Emmerich realisierte Friedrich-Ebert-Siedlung, prägen den eher ruhigen Charakter der Straße in diesem Abschnitt.

Knotenpunkt Kurt-Schumacher-Platz

Der weiter nördlich, bereits an der Scharnweberstraße liegende Kurt-Schumacher-Platz ist ein wichtiges Zentrum im Bezirk Reinickendorf. Der Platz, der heute in erster Linie ein Verkehrsknotenpunkt und Übergang zur Stadtautobahn ist, konnte nie wirkliche Qualitäten entwickeln. Im Jahr 1954 erhielt die Kreuzung eine bauliche Fassung mit kleinstädtischem Charakter. 1958 wurde die U-Bahn bis zum Platz verlängert, 1968 eine Überführung in Form einer Stahlbrücke in West-Ost-Richtung errichtet, die jedoch bereits 1982 wieder abgerissen wurde. Ende der Achtzigerjahre sollten die Eröffnung des Einkaufszentrums Clou und eine Platzumgestaltung die Aufenthaltsqualität steigern.
Großflächige Nutzungen wie das Flughafengelände oder die Julius-Leber-Kaserne, die beide aufgrund ihres isolierten Charakters städtebauliche Barrieren bilden, prägen die Umgebung des Platzes. Südlich

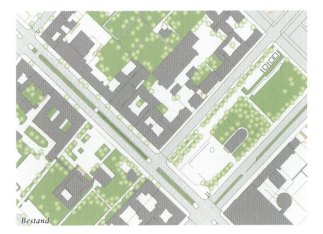 

Bestand / *Vorschlag*

Die Öffnung des Rathausvorplatzes sowie die Schaffung von Querungsmöglichkeiten für Fußgänger und von separaten Radspuren könnten die Attraktivität und Aufenthaltsqualität entlang der Straße erhöhen. Ein Vorschlag von Studenten der TU Berlin (2011).
Quelle: Khoi Bui, Mario Hörcher, Csilla Jeles und Susanne Schuberth

liegen Zonen mit stark autoorientierten Nutzungen – großflächiger Einzelhandel, Autowaschanlagen, Drive-in-Restaurants. Nördlich, entlang der schmaleren Scharnweberstraße, erstreckt sich zunächst auf beiden Seiten eine dichte urbane Bebauung. Hier finden sich in den Erdgeschosszonen widersprüchliche Nutzungen: Wettbüros, Casinos, Kneipen, Imbisse, aber auch viel Leerstand, da Traditionsunternehmen den Standort verlassen haben. Ab dem Uranusweg wechselt der – weniger urbane – Charakter der Straße mehrfach.

Borsigwerke, Tegel und Vororte

Am U-Bahnhof Borsigwerke tritt die Industriegeschichte wieder in den Vordergrund. Hinter dem Borsigtor (1898) befinden sich die Borsighallen und Berlins erstes Hochhaus, der 65 Meter hohe expressionistische Borsigturm (1922–1924). Die Hallen am Borsigturm werden heute durch ein Einkaufszentrum, Gewerbeflächen, Hotel und Kino genutzt, die Berliner Straße behält hier ihren wenig urbanen Charakter, der sich erst im Ortskern Tegel ändert, dem letzten städtischen Abschnitt der Radialstraße.
Etwas weiter liegt östlich die Werkssiedlung Borsigwalde (1899–1900), ein bedeutendes Zeugnis des Werkswohnungsbaus.[9] Die nun anschließende Heiligenseestraße verläuft durch den Tegeler Forst, der gemeinsam mit dem Tegeler See ein beliebtes Naherholungsziel ist.

9 Schwarz, Karl/Bohle, Sabine (1981): a. a. O., S. 197.

Verkehrlich entlastet durch die Stadtautobahn, verläuft die Radialstraße zweispurig durch die von Einfamilienhäusern, autogerechten Einzelhandelskisten und Freiflächen dominierten Orte Heiligensee, Hennigsdorf und – kurz vor dem Berliner Ring – Velten.

Chancen für morgen

Die Radialstraße des Berliner Nordwestens berührt zahlreiche Ortszentren, aber auch Knotenpunkte mit großem Entwicklungspotenzial. Von besonderer Bedeutung ist zunächst das Herz des Wedding um den Leopoldplatz. Die Studenten der TU Berlin schlugen hier eine Umgestaltung vor, die eine einfachere Querung ermöglicht und Radfahrern einen eigenen Streifen anbietet. In den kommenden Jahren werden ähnliche Maßnahmen von offizieller Seite in Angriff genommen und sollen somit die Aufenthaltsqualität und Verkehrssicherheit der Müllerstraße steigern.[10]

Durch die angestrebte Entwicklung des Flughafens Tegel als Standort von Forschungseinrichtungen und Gewerbe mit dem Schwerpunkt neuer urbaner Technologien erhält der heute noch wenig attraktive Kurt-Schumacher-Platz eine völlig neue Bedeutung: Er muss das künftige Quartier TXL in die Stadt integrieren und an die U-Bahn anbinden. Aufgrund der abnehmenden Lärmbelastung wird die Aufenthalts- und Wohnqualität am Platz und in den umliegenden Quartieren spürbar zunehmen, zugleich werden viele Nutzer und damit auch Kunden für Gastronomie und Geschäfte wegbleiben. Die Entwicklung des Platzes als wichtigstes Tor zum dann ehemaligen Flugfeld ist ein künftiges Schlüsselprojekt der Berliner Stadtentwicklung.

Jenseits des Kurt-Schumacher-Platzes wird die historische Ausfallstraße durch die parallel verlaufende Stadtautobahn deutlich entlastet. Hier könnte die Straße – ebenfalls ein Vorschlag von Studenten der TU Berlin – modellhaft zu einer Fahrrad-Hauptstraße ausgebaut werden. Eine leistungsfähige Radinfrastruktur mit Rastplätzen und sicheren Radwegen würde das Naherholungsgebiet Tegeler Forst und die umliegenden Gemeinden bis Velten besser an die Stadt anbinden und könnte erproben, wie das Radfahren auch bei der Überwindung von größeren Distanzen eine nachhaltige Alternative zum Auto sein kann.

Umnutzung leer stehender Gebäude zu Fahrradraststätten. Ein Vorschlag von Studentinnen der TU Berlin (2011).

Quelle: Nadina Dienel, Karolina Groblewska, Dorota Przydrozna und Elisabeth Schwarz

---

10 Bezirksamt Mitte, Baustadtrat (14.02.2013): Pressemitteilung Nr. 071 / 13. Fällung von 32 Scheinakazien im Mittelstreifen der Müllerstraße zwischen der Sellerstraße und dem Leopoldplatz, URL: http://www.berlin.de/ba-mitte/aktuell/presse/archiv/20130214.1415.381306.html (21.05.2013).

Tegel Ort – der letzte städtische Abschnitt an der Berliner Straße (Tegel) mit Bauten aus der Kaiserzeit (2013)
Foto: Mila Hacke

Schönhauser Allee plus

Jana Richter

Die Schönhauser Allee war und ist eine Kultstraße. Davon zeugen zahlreiche Liebeserklärungen in Literatur, Film und Musik. Sie verkörpert das sozial, funktional und hinsichtlich des Verkehrs bunte und lebhafte Berlin, wie es sich in der Kaiserzeit herausgebildet hat, und ist in ihrem innerstädtischen Abschnitt der Prototyp einer urbanen Radialstraße. Die verschiedenen Verkehrsarten – der zweispurige Autoverkehr, die Straßenbahn, die unter- und oberirdisch verlaufende U-Bahn, der Fuß- und Radverkehr – bilden ein komplexes Miteinander, wie es sonst in Berlin kaum zu finden ist.[11]

Vom Zentrum nach Nordosten führend, durchläuft die Schönhauser Allee die Stadtteile Mitte und Prenzlauer Berg, darüber hinaus führt sie als Bundesstraße 96a durch das Zentrum von Pankow bis zum Berliner Ring. Die einheitlich gestaltete Straße wird innerstädtisch durch Meilensteine wie den Jüdischen Friedhof, das Kulturzentrum Pfefferberg und die Kulturbrauerei, den Friedrich-Ludwig-Jahn-Sportpark mit Mauerpark und die Schönhauser Allee Arcaden geprägt.

Die Schönhauser Allee ist in ihrem innerstädtischen Abschnitt der Prototyp einer urbanen Radialstraße (2013).
Foto: Philipp Meuser

11 Die Darstellung der Schönhauser Allee stützt sich auf Ergebnisse eines Seminars, das Aljoscha Hofmann zusammen mit der Tutorin Mari Pape im Jahr 2011 an der TU Berlin durchführte. An den schriftlichen Ausarbeitungen waren folgende Studenten beteiligt: Kilian Allmann, Eloy Bahamondes, Christoph Basler, Franziska Behrendt, Marius Busch, Eda Ceylan, Tesela Coraj, Miguel Angel Delso Páez, Aylin Duymaz, Sabrina Elker, Matthias Frimberger, Klaus Gaffron, Clemens Gerritzen, Paul Girardet, Max Alexander Graap, Johannes Gritsch, Paul Hansen, Valentin Heidebrecht, Linda Heisler, Shoko Itano, Malgorzata Jankowska, Lydia Kaiser, Moritz Klimburg, Sotiris Kostopoulos, Peter Krüger, Mario Lucas, Daniel Pajkó, Liang Qiao, Jacqueline Ruhl, Anne Schiedewitz, José Tomás Schmidt, Philipp Schopf, Hiromu Suzuki, Sarah Timmermann, Arsel Türker, Lucas Vasquez, Sabine Weber, Mirja Weirather, Erol Yigin, Felix Zaiß, Luca Zanardi, Sandra Zimmermann, Rocco Zühlke.

Ihr Ausgangspunkt liegt am ehemaligen Schönhauser Tor, der heutigen Kreuzung Tor-/Rosa-Luxemburg-Straße. Nach etwa drei Kilometern, ab der Kreuzung mit der Bornholmer Straße, heißt sie Berliner Straße bis zu ihrer Gabelung am U-Bahnhof Vinetastraße, wo der linke Abzweig zur Mühlenstraße wird. Im Zentrum Pankows vereinen sich beide Abzweigungen – leicht versetzt – wieder zur Breiten Straße, von wo aus die Radialstraße unter vielen weiteren Namen bis zum Autobahnring führt.

Die durch weitgehend erhaltene Viertel der Kaiserzeit verlaufende Allee hat sich in ihrer städtebaulichen Gestalt seit dem Bau des U-Bahn-Viadukts nur geringfügig verändert. Sie erfuhr während der DDR-Zeit keine größeren Neuplanungen und hat ihren lebendigen, aber auch verkehrslastigen Charakter als pulsierende Ader des Berliner Nordens durchweg behalten. Auch die Bebauung durch Miethäuser mit fünfgeschossigen Vorderhäusern samt Läden im Erdgeschoss und Hinterhöfen mit kleineren Wohnungen blieb im Krieg größtenteils unversehrt, so dass sich noch heute wie bei kaum einer anderen Radialstraße Berlins zumeist ein zusammenhängender attraktiver Raum zum Flanieren und Einkaufen darbietet.

Ihr Name ist auf die verbindende Funktion der Straße zwischen dem Berliner Zentrum und Schloss Schönhausen im Pankower Ortsteil Niederschönhausen zurückzuführen. Schon ab 1740 hatte die auch Schönhausensche Landstraße genannte Allee als Protokollstrecke für Staatsbesucher zu dem kleinen Schloss fungiert. Dies setzte sich ab 1950 als Protokollstrecke der in Niederschönhausen residierenden SED-Führung und zum Schloss Schönhausen als Gästehaus der DDR-Regierung fort.

Innerstädtischer Straßenverlauf

Die erste Hälfte der Schönhauser Allee reicht von der Torstraße über den Senefelder Platz bis zur Eberswalder Straße/Danziger Straße. Sie steigt leicht an, der Straßenraum wird durch verengte und aufgeweitete Sequenzen definiert. Vielfältige Nutzungen wie kleine Läden, Cafés, Restaurants – ergänzt durch Kulturstandorte wie die historische Brauerei Pfefferberg – schaffen eine hohe Attraktivität. Zwischen dem Senefelder Platz und der Oderberger Straße findet sich der ruhigste und grünste Abschnitt der Allee. Das hier wenig belebte Straßenbild wird durch einen rückversetzen Schulkomplex, reine Wohngebäude und die lange Einfriedungsmauer des Jüdischen Friedhofs geprägt. Etwas urbaner wird die Radialstraße wieder ab Höhe der bekannten Kulturbrauerei. Die U-Bahn taucht kurz vor dem Bahnhof

Eberswalder Straße aus dem Tunnel auf und verläuft bis kurz vor dem Bahnhof Vinetastraße oberirdisch. Das Hinterland der Radialstraße bilden äußerst beliebte Wohnquartiere, etwa um den Kollwitzplatz, die auch touristisch stark frequentiert sind – Quartiere, die reich an Kultur, Einzelhandel und Gastronomie sind und auf die Radialstraße ausstrahlen.

Der Kreuzungspunkt Danziger Straße/Eberswalder Straße/Kastanienallee/Pappelallee gehört zu den wichtigsten Orten in Prenzlauer Berg. Hier treffen drei Straßenzüge aufeinander und bilden zusammen mit der Hochbahntrasse, drei Straßenbahnlinien sowie Fußgängern und Radfahrern einen äußerst komplexen Verkehrsknotenpunkt. Schon ab 1826 verband die Kastanienallee, die heutige Wegeverbindung und touristische Shoppingmeile in Richtung Berliner Mitte, das historische Zentrum auf relativ geradem Weg mit Prenzlauer Berg, Pankow und Niederschönhausen. Die großen Querstraßen wie Eberswalder Straße/ Danziger Straße entstanden 1822 als »Communicationsweg« und verbanden fünf der nach Nordosten führenden Radialstraßen. Ähnlich fungierten die Schivelbeiner Straße/Wichertstraße und die Bornholmer Straße/Wisbyer Straße als äußere Ringstraßen.

Nördlich der Kreuzung Eberswalder Straße/Danziger Straße zeigt der Querschnitt der Schönhauser Allee ihren unverwechselbaren Charakter. Unter dem Hochbahnviadukt verläuft ein begehbarer Mittelstreifen, der 2011 nach historischem Vorbild neu gepflastert wurde. Die zwei Fahrspuren je Richtung werden durch die Straßenbahn mitgenutzt. Ein Seitenstreifen dient dem Parken und der Belieferung der Geschäfte. Der breite Bürgersteig bietet neben dem Radweg, einem Baumstreifen und dem breiten Fußweg noch Platz für Auslagen und Sitzplätze vor den Geschäften. Durch dieses Straßenprofil ist trotz des überdurchschnittlichen Verkehrsaufkommens[12] eine hohe Aufenthaltsqualität entstanden. Ein fast lückenloses Angebot aus Läden, Gastronomie, Hostels und alternativen Nutzungen setzt sich bis zum S- und U-Bahnhof Schönhauser Allee mit den 1997 errichteten Schönhauser Allee Arcaden fort. Hier, am 1871 als S-Bahnhof Nordring eröffneten Verkehrsknoten, treffen sich die U-Bahn-Linie, die Ringbahn, mehrere S-Bahnen, Straßenbahnen und Buslinien. Die hervorragende Erschließung und das urbane Hinterland mit den charakteristischen Stadtteilplätzen machen Prenzlauer Berg zu einem der beliebtesten Viertel für Berliner und Besucher der Stadt.

12 Senatsverwaltung für Stadtentwicklung (Verkehrslenkung Berlin, Straßenverkehrserhebungen VII A 44): Straßenverkehrszählung Berlin 2005. Verkehrsmengenkarte Gesamtnetz, URL: http://www.stadtentwicklung.berlin.de/verkehr/lenkung/vlb/de/erhebungen.shtml (06.07.2013).

Die neu gepflasterten Räume unterhalb der Hochbahn sind sowohl spannende als auch schwer nutzbare Räume (2013).
Foto: Mila Hacke

Nördlich der Bornholmer Straße beherrscht weiterhin die als Hochbahn verlaufende und sich dann absenkende U-Bahntrasse die Straße, deren Charakter jedoch vorstädtischer wird. Am U-Bahnhof Vinetastraße teilt sich die Radialstraße. Der Großteil des Autoverkehrs folgt links der als Bundesstraße ausgewiesenen Mühlenstraße, während Straßenbahn und U-Bahn die Berliner Straße weiter bis zum S- und U-Bahnhof Pankow begleiten. Hier ist derzeit die großflächige und umstrittene Umnutzung des ehemaligen Rangierbahnhofs Pankow in ein gemischtes urbanes Quartier in Planung. Das Profil der Mühlenstraße verarmt zusehends, bis zu vier Fahrspuren und schmale Fußwege ohne ausgewiesenen Radweg kennzeichnen die stark belastete Straße. Bis zur S-Bahntrasse zeigt die Randbebauung ein kontrastreiches Bild: Rückversetzte Wohn- und Gewerbebebauung, Wohnzeilen, unübersichtliche Grünzonen, Baulücken und eine Tankstelle erzeugen einen vorörtlichen Charakter. Im Hinterland befindet sich der urbane Florakiez, der durch eine kaiserzeitliche Blockbebauung und Villen gekennzeichnet ist. Nördlich der S-Bahntrasse öffnet sich das urbane Zentrum des Ortsteils Pankow, das eine viergeschossige Bebauung mit Läden, Gastronomie und sozialen Einrichtungen aufweist, aber unter der hohen Verkehrsbelastung und der Konkurrenz mit anderen Einzelhandelsstandorten leidet.

Außerstädtischer Straßenverlauf

Vom Pankower Zentrum nach Norden führend, zeigt sich der noch immer vierspurige Straßenraum in zunehmend mangelhaftem Zustand, ein Radweg ist nicht vorhanden. Hier beginnt der ausgedehnte, als Wohnort für Familien beliebte Teil Pankows, der mit der Schließung des Flughafens Tegel und dem Wegfall des Fluglärms noch an Wohnqualität gewinnen wird. Am hier Grabbeallee genannten Abschnitt der Straße liegt einer der bedeutendsten Reformwohnungsbaukomplexe der Kaiserzeit, der von Paul Mebes und Paul Emmerich 1908–1909 für den Beamten-Wohnungs-Verein zu Berlin errichtet wurde. Im weiteren Verlauf der Bundesstraße 96a nehmen mit dem Bürgerpark und dem Schlosspark die Grünflächen zu, während Bebauungsdichte und Nutzungsvielfalt abnehmen.

Kleine urbane Knotenpunkte wie der Pastor-Niemöller-Platz bilden mit dichterer drei- bis viergeschossiger Bebauung, zwei Supermärkten, Läden, Kino, Bank und Café lokale Treffpunkte im Meer frei stehender Ein- und Zweifamilienhäuser. Die stark heterogene Bebauung entlang der Radialstraße, vereinzelt mit bis zu vier Geschossen, setzt sich bis zum Ende der Straßenbahnlinie am BVG-Straßenbahnhof Schillerstraße fort. Hier beginnt der typische »Speckgürtel« aus Einfamilienhäusern und Kleingärten.

Hinter dem Stadtrand führt die neu angelegte Radialstraße zweispurig und ohne Radweg als Blankenfelder Chaussee durch das ländliche Brandenburg bis zum Berliner Autobahnring. Die suburbane Landschaft, lange Wege und zumeist autogerechte Einkaufsmärkte erzeugen einen wenig differenzierten, diffusen Raum. Die hier ohnehin magere Erschließung durch Busse ist durch eine geringe Taktung zusätzlich unattraktiv. Erste positive Entwicklungen zeigen sich heute schon in Versuchen, ehemalige Dörfer und historische Bauten erhaltend zu erneuern, Rad- und Fußwege auszubauen sowie die Nahversorgung zu stärken.

Plan zur Umgestaltung des neuen Mühlenbecker Ortszentrums, Stefan Wallmann Landschaftsarchitekten (2010)

Quelle: Büro Stefan Wallmann Landschaftsarchitekten

Chancen für morgen

Die Schönhauser Allee ist im südlichen Bereich eine gut funktionierende und sehr beliebte urbane Hauptstraße, die vielen Interessen dient und unterschiedlichsten Verkehrsarten Raum gibt. Mittelfristig sollten die Verkehrsarten neu ausbalanciert und die Kreuzungsbereiche – noch immer große Unfallschwerpunkte[13] – entschärft werden. Von der Torstraße bis zum Zentrum Pankow sollten Fuß- und Radwege barrierefrei ausgebaut und der stark dominierende Autoverkehr sollte durch geeignete Maßnahmen, wie etwa den Rückbau der Fahrspuren, reduziert werden. Ähnliches gilt für die nördlichen Abschnitte bis zum Stadtrand. Reduzierung der Fahrbahnbreiten, Bau von Rad- und Fußwegen, Verdichtung der städtischen Funktionen an Knotenpunkten, Umwidmung von undefinierten Parkplatzflächen zu öffentlichen Plätzen, auf denen sich öffentliches Leben entwickeln kann, sind nur einige der offensichtlichen und wünschenswerten Maßnahmen. Für einzelne Orte wurden von Studenten der TU Berlin Vorschläge entwickelt. So könnten im Abschnitt bis zum Senefelder Platz

---

13 Vgl. die offizielle Unfallstatistik Berlin, URL: http://www.berlin.de/polizei/verkehr/statistik.html (06.07.2013).

Parkplätze reduziert und dafür die stark übernutzten Bürgersteige verbreitert werden. Der abweisende Teil entlang des Friedhofs könnte durch Schaukästen in den Friedhofsmauern zum Straßenraum attraktiver werden. Auch könnte ab Höhe U-Bahnhof Eberswalder Straße der Mittelstreifen unter der Hochbahn durch Gastronomie und Einzelhandel an zusätzlicher Attraktivität gewinnen. Für den äußeren Bereich wurde ein Vorschlag zur Neuordnung des Ossietzky-Platzes gemacht: ein möglicher Umbau der derzeit als Verkehrsinsel und Parkplatz genutzten Fläche vor der Dorfkirche zu einem öffentlichen Raum mit Markt.

Ein bemerkenswertes, bereits realisiertes Beispiel für die Stärkung eines suburbanen Ortszentrums findet sich schließlich in Mühlenbeck, einem Ortsteil der kleinen, aber aktiven Gemeinde Mühlenbecker Land zwischen der Stadtgrenze Berlins und dem Autobahnring. Hier wurde 2010 von der Gemeinde beschlossen, den als Parkplatz genutzten historischen Dorfanger wieder neu zu gestalten. Das Highlight der Umgestaltung von Stefan Wallmann Landschaftsarchitekten ist der wiederangelegte Dorfteich.

Das Mühlenbecker Ortszentrum vor (2007, linke Seite) und nach (2013, oben) der Umgestaltung
Fotos: Büro Stefan Wallmann Landschaftsarchitekten

Das Hochbahnviadukt prägt und teilt den Straßenraum der Schönhauser Allee. Die Straße ist eine wichtige Ader des öffentlichen Nahverkehrs (2013).
Foto: Mila Hacke

Prenzlauer Allee plus

Hilde Barz-Malfatti

Die Prenzlauer Allee beziehungsweise Prenzlauer Promenade (bis 1878 Prenzlauer Chaussee) ist eine beeindruckende Achse der Berliner Wohnungsbaugeschichte. Sie erhielt ihren Namen von der brandenburgischen, weit im Norden nahe der Grenze zu Mecklenburg-Vorpommern gelegenen Kreisstadt Prenzlau. Heute endet sie allerdings bereits sehr früh – in Höhe des S-Bahnhofs Pankow-Heinersdorf. Dort geht sie in den Autobahnzubringer A 114 über.[14]

Ausgangspunkt der Prenzlauer Allee war das Prenzlauer Tor in der damaligen Akzisemauer. Von dort verläuft sie in nord-nordöstlicher Richtung als Prenzlauer Allee durch den Stadtteil Prenzlauer Berg und nach der Kreuzung Wisbyer/Ostseestraße als Prenzlauer Promenade zwischen den Stadtteilen Pankow, Weißensee und Heinersdorf, bevor sie östlich vom ehemaligen Rangierbahnhof Pankow zur Autobahn wird. Im Verlauf der Prenzlauer Allee/Prenzlauer Promenade kann – beginnend vom Zentrum in Richtung Peripherie – die Stadtbaugeschichte Berlins und des Berliner Wohnungsbaus chronologisch nachvollzogen

Die heute durch den Autoverkehr geschundene Radialstraße ist eine beeindruckende Achse der Berliner Wohnungsbaugeschichte (2013).
Foto: Philipp Meuser

---

14 *Von der Hauptstraße zum Lebensraum – Ein Beitrag zur Berliner IBA 2020* hieß das städtebauliche Entwurfsprojekt der Bauhaus-Universität Weimar im Sommersemester 2012, das sich mit der Radialstraße Prenzlauer Allee/Prenzlauer Promenade beschäftigte. Die abgebildeten Projekte zeigen einige der entstandenen Ideen zur Reurbanisierung dieser Straße. Betreut wurden die Studenten von Prof. Hilde Barz-Malfatti, Janna Hohn, Holger Gladys und Stefan Schwirtz. Studentische Teilnehmer des Entwurfsprojekts waren Christine Baumer, Marten Becker, Arabella Becker, Christiane Berger, Wiebke Mareike Blarr, Elisabeth Böber, Léonard Bougalt, Pia Frederike Bültmann, Riccarda Cappeller, Thea Lucija Cheret, Bernhard Danigel, Bertram Dreyer, Katharina Elert, Ruben Emmeluth, Jeanette-Marie Feld, Stefanie Fritze, Johanna Glock, Silja Glomb, Simon Heidenreich, Vera Heinemann, Stephanie Hoschka, Feng Hu, Yinxue Jin, Andreas Karamalikis, Eva Maria Lisa Körber und Jannis Kühne.

werden: Von der Torstraße ausgehend finden wir die überwiegend zwischen 1880 und 1905 entstandenen dichten Blockstrukturen mit den typischen Berliner Wohn- und Geschäftshäusern, gefolgt von den durchgrünten Reformwohnungsbauten der Zwanziger- und Vierzigerjahre, Zeilenbauten der Fünfzigerjahre und im westlichen Bereich von einer Neubausiedlung aus der DDR-Zeit.

Vor allem mitten im beliebten Stadtteil Prenzlauer Berg besitzt die Prenzlauer Allee noch viel vom urbanen Charakter eines dichten Stadtteils aus der Kaiserzeit. Jedoch schwächen bauliche Lücken, mangelnde Nutzung, gestalterische Vernachlässigung vorhandener Freiflächen und weitläufige Unterbrechungen im Bereich der großen Querstraßen den Charakter und die Kontinuität des Straßenraums. Auch wenn die Radialstraße im Zweiten Weltkrieg relativ gut erhalten blieb, ist durch den autogerechten Ausbau in der Nachkriegszeit überall die Diskrepanz zwischen den Möglichkeiten eines öffentlichen Raums mit Aufenthaltsqualitäten und der Realität einer gnadenlos funktionsbetonten Autoverkehrsdominanz zu spüren. Über 80 Prozent des Straßenquerschnitts sind dem fahrenden und ruhenden Verkehr vorbehalten. Die Unwirtlichkeit der Radiale nimmt in Richtung Peripherie immer mehr zu, da die Straße nun als Autobahnzubringer dient. Im Bereich Prenzlauer Promenade verläuft die Straße zwar unmittelbar am Rand eines westlich davon liegenden intakten Wohnquartiers, das den Bezirk Prenzlauer Berg mit dem Bezirk Pankow verbindet, jedoch mutiert sie hier endgültig zu einer reinen Transitstraße mit Tankstellen und Fast-Food-Ketten und mündet an der S-Bahn-Station Pankow-Heinersdorf in die Autobahn.

Markante Orte

Der Umbau des Zentrums und der Ausbau des Straßenzugs Moll-/Torstraße zu einem reinen Verkehrsverteiler haben die Spuren des einstigen Stadtraums am Prenzlauer Tor vollständig beseitigt und eine breite Zäsur zwischen dem Zentrum und dem Beginn der Radialstraße geschaffen. Die Verbindung von der ebenfalls autogerecht angelegten Karl-Liebknecht-Straße zur Prenzlauer Allee ist dadurch stadträumlich nicht sinnfällig, auch wenn die Prenzlauer Allee mit dem ehemaligen, nach Plänen der Architekten Bauer und Friedländer 1928/1929 erbauten Kaufhaus Jonaß einen markanten baulichen Auftakt auf der Westseite besitzt. Dieses Gebäude mit seiner bewegten Geschichte war nach der Enteignung seiner jüdischen Besitzer 1934–1945 die Zentrale der Reichsjugendführung der NSDAP, 1946–1959 die Zentrale der SED, dann Sitz des Instituts für Marxismus-Leninismus und

Viele Berliner Radialstraßen laufen auf den Fernsehturm zu. Das imposante ehemalige Kaufhaus Jonaß mit bewegter Geschichte prägt die Kreuzung Prenzlauer Allee/Torstraße (2013).
Foto: Mila Hacke

beherbergt heute den internationalen Club Soho House Berlin. Diese private Nutzung, aber auch der zugewachsene Hang und die bislang unklare Situation der benachbarten ehemaligen Bötzow-Brauerei sowie der von einer Mauer begrenzte Friedhof auf der anderen Seite verhindern das Entstehen eines attraktiven urbanen Straßenraums vom Zentrum in die Allee. Dieser Abschnitt wird daher nur wenig von Fußgängern frequentiert.

Ganz anders stellt sich der Abschnitt Metzer Straße bis Danziger Straße dar. Neben einigen Straßeneinmündungen queren in diesem Bereich fünf Seitenstraßen die Prenzlauer Allee. Diese wird dadurch zum verbindenden Element der gut sanierten angrenzenden Quartiere des Stadtteils Prenzlauer Berg. Hier ist ein starkes Fußgängeraufkommen zu beobachten. Läden und Cafés in den Erdgeschossen beleben die Straße. Eine wirkliche Qualität des öffentlichen Raums wird jedoch

Prenzlauer Promenade / Zeiler Weg:
Hier präsentiert sich die Straße als Boulevard, gesäumt von Wohnbauten aus den Zwanzigerjahren (2013).
Foto: Mila Hacke

massiv durch die funktionsgerecht zugunsten des Autoverkehrs aufgeteilte Straße verhindert. Es gibt zwei Doppelfahrspuren mit zusätzlichen Abbiegefahrspuren an den großen Querstraßen, dazwischen fährt die Straßenbahn in einem teilweise sehr breiten Gleisbett mit parallel verlaufenden, ungepflegten Abstandsstreifen. Zwischen den Fahrbahnen und den im Berliner Vergleich sehr schmalen Fußwegen, die kaum eine Nutzung durch angrenzende Einrichtungen zulassen, liegen breite Zonen für den ruhenden Verkehr, zum großen Teil zur Queraufstellung der parkenden Autos. So sind über 80 Prozent des Straßenquerschnitts dem fahrenden und ruhenden Verkehr gewidmet. Vor den Einmündungen in die großen Querstraßen wurden die Alleebäume entfernt, was die Präsenz der Straße und ihre Erlebbarkeit als zusammenhängenden Aufenthaltsraum zusätzlich schwächt. Auch wenn der folgende Abschnitt von der Danziger Straße bis zum

Autoorientierte Gewerbe prägen die Radialstraße am Stadtrand (2013).
Foto: Mila Hacke

S-Bahn-Ring auf der Westseite weiterhin von den dichten Quartieren des 19. Jahrhunderts begleitet wird, nimmt der urbane Charakter ab, vor allem durch den Einfluss des Ernst-Thälmann-Parks auf der östlichen Seite mit einer Zone ohne Aufenthaltsqualität vor dem Planetarium. Trotz der Lage des S-Bahnhofs Prenzlauer Allee mit seinem historischen Eingangsgebäude und dem Übergang zur Straßenbahn gibt es hier kaum Funktionen, die den öffentlichen Raum positiv beleben. Die mangelnde Dimensionierung der Gehwege ist hier besonders störend. Die nun angrenzenden Wohnquartiere zwischen S-Bahn-Ring bis Wisbyer / Ostseestraße aus den Zwanziger- bis Vierzigerjahren (östlich zurückgesetzt die Siedlung Carl Legien von Bruno Taut) beherbergen kaum öffentliche oder kommerzielle Nutzungen in den Erdgeschossen, was den urbanen Charakter der Prenzlauer Allee in diesem Abschnitt weiter vermindert. Neben einem städtebaulich undefinierten Bereich zwischen der Wohnstadt Carl Legien und der Prenzlauer Allee verhindert vor allem der Einfluss des Straßenzugs

Wisbyer/Ostseestraße, der breit autogerecht ausgebaut wurde und eine gravierende Zäsur im Verlauf der Straße darstellt, das Entstehen von urbanem Lebensraum.

Der Caligariplatz mit Umfeld ist der eigentliche stadträumliche Kopf der Prenzlauer Allee, was man allerdings durch die breite Zäsur der Ostseestraße und eine fehlende beziehungsweise minderwertige Eckbebauung nördlich der Ostseestraße nicht nachvollziehen kann. Der Platz besitzt sowohl räumlich als auch durch bereits vorhandene Kultureinrichtungen (vor allem die Brotfabrik), Gastronomie u. a. das Potenzial für einem markanten öffentlichen Stadtraum als Vermittler zweier sehr verschiedener Stadtteile. Hier ist die Grenze des nach dem Hobrecht-Plan von 1862 entwickelten Berlin. Ab hier ändern sich die Strukturen des Straßengewebes von rechtwinklig sich kreuzenden Straßen in parallel verlaufende oder netzartige Verbindungen der Wege. Und ab hier wechselt der Name der Radialstraße von Prenzlauer Allee zu Prenzlauer Promenade.

Im Abschnitt Thulestraße/Am Steinberg bis zur S-Bahn-Brücke Pankow-Heinersdorf verlässt die Straßenbahnlinie M2 die Prenzlauer Promenade und biegt Richtung Osten in die Straße Am Steinberg ein. Hier ist der Rand der dicht bebauten Stadt erlebbar und der urbane Charakter verschwindet. Die anschließende Prenzlauer Promenade mutiert nun endgültig zum stark befahrenen Autobahnzubringer. Auf der Westseite liegen die Werkstätten der Volksbühne, östlich befinden sich Brachflächen und ungeordnete Gewerbebauten. Dieser Abschnitt – obwohl stark durchgrünt – bietet keinerlei Aufenthaltsqualitäten mehr für Fußgänger oder Radfahrer. Im weiteren Verlauf schirmen auf der Westseite dichte Baumpackungen die Wohnquartiere vom Verkehr ab. Östlich befinden sich ein Kfz-Service und -Verleih, Tankstellen, Billighotels, Billig-Einkaufsmärkte mit großen Parkplätzen und eine Fast-Food-Kette.

Die Prenzlauer Promenade gehört in verschiedenen Abschnitten zu Weißensee, Heinersdorf und Pankow – liegt also jeweils am Rand der Stadtteile. Ab der Laudaer Straße prägen auf der westlichen Seite die sehr schön sanierten Gebäude des Pankower Kissingenviertels aus den Zwanziger- bis Dreißigerjahren die Straße, auf der östlichen Seite erstreckt sich eine riesige Schrebergartenkolonie. Wie verloren zwischen dem hohen Verkehrsaufkommen liegt die ehemalige Promenade, gesäumt von alten Bäumen. Insgesamt wird dieser Abschnitt von sehr viel Grün und sehr viel Verkehr bestimmt, bevor die Straße rechts und links – begleitet von weiteren Tankstellen, Fast-Food-Ketten und Kfz-Servicebetrieben – über die Brücke und in die Autobahn A 114 führt.

Chancen für morgen

Die Prenzlauer Allee war in ihrer Geschichte ein bedeutender urbaner Lebensraum für die Stadtbewohner, der nach dem Zweiten Weltkrieg immer mehr zu einer Hauptstraße für den Autoverkehr geworden ist. In vielen Abschnitten – vor allem zwischen den lebendigen Quartieren des Stadtteils Prenzlauer Berg – spürt man den Versuch, an ursprüngliche Qualitäten des urbanen Milieus anzuknüpfen. Viele Potenziale dafür sind (noch) vorhanden: die weitgehend erhaltenen historischen Straßenfluchten, urbane Funktionen in den Erdgeschossen, Nutzungsmischung, viele Querstraßen in intakte Quartiere und eine gute öffentliche Verkehrsanbindung durch die Straßenbahn und die S-Bahn-Station Prenzlauer Allee.

Wesentliche Voraussetzung für das Entstehen von Aufenthaltsqualitäten ist jedoch die Verminderung der Dominanz des Autoverkehrs. Im Bereich der gesamten Prenzlauer Allee könnte diese Straße durch eine Neusortierung des Straßenraums mit engeren Fahrbahnen, breiteren Gehsteigen und Zonen für Fahrradfahrer sowie durch eine bessere und gleichmäßigere Integration der Straßenbahn und die Ergänzung der Alleenbäume relativ kurzfristig zu einem Boulevard werden. Mittelfristig sollten Lücken geschlossen werden durch Bauten, deren Funktionen das urbane Milieu fördern, oder durch öffentliche Grünanlagen, die neben den Bewegungsräumen der Straße zusätzliche Aufenthaltsräume im Freien bieten.

Ein besonderes städtebauliches Augenmerk sollten die Kreuzungen mit den großen Querstraßen erhalten. Hier sind die baulichen Defizite am stärksten, wodurch der Rhythmus der erlebbaren Straßenabschnitte gestört wird und die Kontinuität des Straßenraums verloren geht. Insbesondere der Übergang vom Zentrum und die Ausbildung des Caligariplatzes als »Kopf« der Prenzlauer Allee durch eine notwendige städtebauliche Ergänzung zwischen Wisbyer / Ostseestraße sollten bearbeitet werden.

Auch die Prenzlauer Promenade könnte durch eine Neusortierung der Funktionen erheblich aufgewertet werden. Dieser Abschnitt bietet, wenn die Fahrbahnen komprimiert und zusammengefasst werden, die Möglichkeit, Fahrradwege anzulegen, die historische Promenade wieder zu einem benutzbaren Weg zu machen oder auch durch ergänzendes Grün einen für Freizeitaktivitäten attraktiven Bereich zu schaffen.

Linke Seite: Grünkonzept von Studenten der Bauhaus-Universität Weimar (2012)
Quelle: Marten Becker, Bernhard Danigel, Anna Leidenfrost

Einzelmaßnahme Mittelstreifen (2012): Der vielfältig gestaltete Park bietet Raum für unterschiedliche Freizeitaktivitäten über die gesamte Länge der Promenade.
Quelle: Marten Becker, Bernhard Danigel, Anna Leidenfrost

Einzelmaßnahme Fröbelplatz (2012): Der klar gegliederte Platz bindet sich mit einer Wasserfläche an die Radialstraße und bietet Abwechslung durch das Spiel der Fontänen.
Quelle: Marten Becker, Bernhard Danigel, Anna Leidenfrost

Die Prenzlauer Promenade durchquert den Stadtrand (2013).

Foto: Mila Hacke

Landsberger Allee plus

Harald Bodenschatz / Johanna Schlaack

Die vom Zentrum nach Osten führende, leicht nördlich verschwenkte Ost-Berliner Radialstraße Landsberger Allee ist ein Musterbeispiel des in Ost und West propagierten autogerechten Städtebaus der Nachkriegszeit und die autogerechteste Radialstraße Berlins. Sie wurde insbesondere in der DDR-Zeit gestaltet und erhielt damals auch einen neuen Namen – Leninallee –, was die herausragende, mit der Stalin- beziehungsweise Karl-Marx-Allee rivalisierende Bedeutung dieser Straße für die Herren Ost-Berlins unterstrich.[15]

Bis heute hat die Landsberger Allee ihren unwirtlichen Charakter bewahrt und bietet wie kaum eine andere Hauptstraße Berlins ungenutzten Raum im Überfluss. Sie umfasst an keiner Stelle einen längeren, für Fußgänger attraktiven urbanen Abschnitt. Ihren Maßstab diktiert der Autoverkehr, nicht der Fußgänger; die Nutzungen entlang der extrem durch den Autoverkehr belasteten Straße sind zumeist monofunktional: Vor allem Shoppingcenter, Großmärkte und Wohnsiedlungen reihen sich hier ohne Zusammenhang aneinander. Die Landsberger Allee erschließt wichtige Großsiedlungen aus der

Die Landsberger Allee ist ein Musterbeispiel des in Ost und West propagierten autogerechten Städtebaus der Nachkriegszeit und die autogerechteste Radialstraße Berlins (2013).
Foto: Philipp Meuser

---

15 Die Darstellung der Landsberger Allee stützt sich auf Ergebnisse eines Seminars, das der Verfasser zusammen mit der Tutorin Franziska Mühleis im Jahr 2011 an der TU Berlin durchführte. An den schriftlichen Ausarbeitungen waren folgende Studierende beteiligt: Harald Andreowsky, Sebastian Awick, Martin Baßler, Monika Berstis, Margherita Bilato, Jessica Bittrich, Maren Böttcher, Elise Chop, Johannes Dumpe, Judith Frankenberg, Jonas Gempp, Yuki Hanfeld, Karoline Hietzschold, Juliana Kleba Rizental, Niklas Kuhlendahl, Nina Langanke, Xie Li, Benedikt Lopéz Hernandez, Indra Mattes, Adriana Osanu, Lucia Pasquali, Julia Pauli, Massimo Sean Pepe, Jan Rösler-Bzik, Christoph Ruhe, Delia Schaedel, Gesa Schatte, Hannes Schulz, Felix Schwarz, Jakob Skorlinski, Danny Spangenberg, Efe Üner, Jasper Ugrinsky, Lu Xiaoming.

DDR-Zeit, so die innenstadtnahe Siedlung Fennpfuhl und die größte Neubausiedlung der DDR überhaupt, Marzahn. Der Ausgangspunkt der damaligen Leninallee wurde durch eine riesige Lenin-Statue samt kolossaler Platzbebauung städtebaulich aufwendig inszeniert. Nach dem Fall der Mauer erhielt die Allee ihren alten Namen Landsberger Allee wieder, die Lenin-Statue wurde trotz großer Proteste abgebaut und entlang der Straße wurde eine Reihe neuer Einkaufszentren angelegt. Anders als andere Radialstraßen heißt die Straße in ihrem gesamten, etwa elf Kilometer langen Verlauf innerhalb der Stadtgrenzen Berlins Landsberger Allee, erst außerhalb der Stadtgrenze wechselt sie ihren Namen und heißt dann auf dem relativ kurzen Abschnitt bis zum Autobahnring Landsberger Chaussee beziehungsweise Altlandsberger Chaussee. Die Radialstraße durchschneidet vier Berliner Stadtbezirke – Friedrichshain-Kreuzberg, Pankow, Lichtenberg und Marzahn-Hellersdorf – sowie zwei Bundesländer, Berlin und Brandenburg.

Auftakt: Platz der Vereinten Nationen, ehemals Leninplatz

Auftakt der Landsberger Allee ist der Platz der Vereinten Nationen, bis 1992 Leninplatz. Bereits dieser Ort ist ein Manifest des autogerechten Stadtumbaus. Nichts erinnert mehr daran, dass hier bis in die 1860er Jahre die Berliner Stadtmauer verlief und an einem der wenigen Stadttore einer eher bescheidenen Ausfallstraße nach Hohenschönhausen und Altlandsberg Raum bot. Vom Landsberger Tor führte damals eine direkte Straße durch die nicht sehr vornehme und relativ ungeplante Königsstadt, auch Georgenvorstadt genannt, direkt zum Alexanderplatz. Diese Verbindung existierte bis in die Nachkriegszeit und wurde erst durch den Ost-Berliner Städtebau radikal verändert. Die Leninallee wurde über die neu geschaffene Mollstraße in Richtung Torstraße umgelenkt und vom Zentrum abgekappt. Zwischen dem Alexanderplatz und dem Platz der Vereinten Nationen erstreckt sich bis heute der in den Fünfzigerjahren mit großem Aufwand geplante zweite Abschnitt der Karl-Marx-Allee, eine zentral gelegene Siedlung, die einen suburbanen Puffer zwischen dem ehemaligen Leninplatz und dem Alexanderplatz bildet. An die Geschichte der einfachen Königsstadt aus der Barockzeit erinnert nach den Kriegszerstörungen, dem Kahlschlag und der radikalen Veränderung des Stadtgrundrisses in der DDR-Zeit nichts mehr.
Seit dem Abbau des Lenin-Denkmals bietet der heutige Platz der Vereinten Nationen Distanzraum im Überfluss und vermittelt den Eindruck einer gewissen, wenngleich durchaus grünen Leere. Heute ist er vor allem eine relativ isolierte mehrfache Riesenstraßenkreuzung, deren

Gestalt- und Aufenthaltsqualität deutlich verbessert werden kann. Wie der Alexanderplatz ist der Platz der Vereinten Nationen ein Zeugnis eines modernen Großstadtplatzes aus der DDR-Zeit.

Zwischen dem Platz der Vereinten Nationen und dem Autobahnring

Zwischen dem Platz der Vereinten Nationen und der Ringbahn liegt der innerstädtische Abschnitt der Radialstraße, der aber nur noch in Bruchstücken als solcher erlebbar ist und wenig von Fußgängern aufgesucht wird. Markante Nutzungen von gesamtstädtischer Bedeutung wie der Volkspark Friedrichshain, das Krankenhaus und der Friedhof grenzen sich – auch durch Mauern beziehungsweise Zäune – von der Landsberger Allee ab. An der wichtigsten Kreuzung mit der Danziger Straße / Petersburger Straße erhebt sich das 1981 eröffnete Sport- und Erholungszentrum aus der DDR-Zeit, dem zur Landsberger Allee hin ein Parkplatz vorgelagert ist. Das in der DDR-Zeit überregional bedeutsame Zentrum wurde in den Neunzigerjahren dem Verfall preisgegeben, konnte aber nach seiner vollständigen Schließung zunächst partiell wiederbelebt werden.

Einige Schritte weiter östlich erstreckt sich vor dem S-Bahnhof Landsberger Allee ein weiteres Veranstaltungs- und Sportgelände, die Schwimm- und Sprunghalle sowie das Velodrom im Europasportpark. Beide Anlagen wurden in den Neunzigerjahren im Rahmen der – letztlich gescheiterten – Olympiabewerbung Berlins für das Jahr 2000 nach Plänen von Dominique Perrault errichtet. Für das Velodrom musste die traditionsreiche Werner-Seelenbinder-Halle weichen. Allerdings ist das in der Regel unbelebte große Areal mit den leeren Distanzräumen wegen der Unsichtbarkeit der in einem erhöhten Park versenkten Veranstaltungsorte wenig attraktiv.

Direkt östlich der Ringbahn wurden zwei große Neubaukomplexe errichtet, das Shoppingcenter Forum Landsberger Allee und das riesige Tagungs- und Kongresshotel andel's. Nicht weit entfernt im Süden der Allee erstreckt sich eines der großen Entwicklungsgebiete des wiedervereinigten Berlin, der ehemalige Städtische Central-Vieh- und Schlachthof. An der Landsberger Allee selbst merkt man davon nichts. Das neue Berlin ist hier noch nicht angekommen.

Östlich der Storkower Straße wird die Radialstraße völlig unwirtlich, Parkplatzzonen vor den Gebäuden veröden den Raum und die Straßenbahnen verlassen an der Oderbruchstraße vorübergehend die Landsberger Allee. Kaum wahrnehmbar verbirgt sich hier eines der ambitioniertesten Siedlungsprojekte der DDR-Zeit, das durch eine Wasserfläche aufgewertete Wohngebiet Fennpfuhl. Wie bei allen

Das Shoppingcenter Forum Landsberger Allee und das Tagungs- und Kongresshotel andel's markieren den Übergang zur Außenstadt (2013).
Foto: Mila Hacke

suburbanen Siedlungen seit den Zwanzigerjahren üblich, wendet sich das Wohngebiet völlig von der Radialstraße ab, degradiert diese zur reinen Erschließungsstraße und verortet die zentralen Einrichtungen abseits der Straße, introvertiert, dem Transitverkehr entzogen. Weiter stadtauswärts, östlich der Vulkanstraße, finden sich auf der Südseite der Allee die eindrucksvollen, historisch wertvollen Bauten des Zwischenpumpwerks Lichtenberg, die nur mehr partiell genutzt werden. Auf der Nordseite sind Plattenbauten zu sehen, aber auch ein Shoppingcenter (Allee-Center). An der Ecke Rhinstraße erhebt sich ein auffälliger Neubau, das mischgenutzte Hochhaus Pyramide.

Im Umfeld der Kreuzung der Stadtbahntrasse findet sich ein relativ konturloses Gebiet mit zahlreichen sich isolierenden Gewerbezonen, aber auch Wohnsiedlungen, Autohäusern, Tankstellen, Hotels, dem kreativen ORWO-Haus und Großmärkten, etwa IKEA. Durch die langsam ansteigende Überquerung der Stadtbahngleise im Zuge der Landsberger Allee wirkt diese nicht nur als Brücke zwischen West und Ost, sondern auch als großräumiges Hindernis. Fahrräder sind auf der Marzahner Brücke nicht vorgesehen. In dem Zwickel zwischen den

Das nur noch teilweise genutzte Zwischenpumpwerk könnte ein bedeutender kultureller Anziehungspunkt für Lichtenberg werden (2013).
Foto: Mila Hacke

beiden Stadtbahntrassen nördlich der Allee breitet sich das gewaltige denkmalgeschützte Hauptgebäude der Knorr-Bremse aus, das in der nationalsozialistischen Zeit errichtet wurde.

Nach der Schneise der Stadtbahn beginnt die Großsiedlung Marzahn mit einem Paukenschlag, dem futuristischen neuen Shoppingcenter Eastgate. Die Landsberger Allee weitet sich hier zum autogerechten Riesenraum mit ausgedehnten Parkplatzzonen und trennt zwei überregional bedeutsame zentrale Orte, die Marzahner Promenade und das Dorf Alt-Marzahn. Beide Orte wenden der Allee den Rücken zu, beide sind von der Allee her kaum bemerkbar, sie sind auch nicht fußgängerfreundlich miteinander verbunden. Lediglich die in den Neunzigerjahren errichtete Bockwindmühle Marzahn prägt die Ausfallstraße. Es ist heute kaum mehr vorstellbar, dass bis zu Beginn der Siebzigerjahre die Ausfallstraße direkt durch das alte Dorf Marzahn führte.

Gleich hinter dem BVG-Betriebshof Marzahn, an der Landesgrenze, verändert die Radialstraße erstmals ihren Namen, sie wird zur Landsberger Chaussee, die nunmehr zwischen Berlin und Brandenburg verläuft. Zunächst grenzt im Süden die Großsiedlung Hellersdorf an, die durch eine Mauer gegen die Chaussee abgegrenzt wird, während sich im Norden auf Brandenburger Grund eines der größten Shoppingcenter der Region Berlin erhebt, der Kaufpark Eiche mit 4.000 Autoparkplätzen. Zwar mutiert die Radialstraße im weiteren Verlauf zur ausschließlichen Autostraße, sie weist allerdings nur mehr insgesamt zwei Fahrspuren auf. Die Autofahrer durchqueren zunächst einen Grünzug, um schließlich nach Hönow zu gelangen, wo sich im rechten

In dem ausgedehnten Niemandsland an der Kreuzung Landsberger Allee/Raoul-Wallenberg-Straße, nördlich von Alt-Marzahn beziehungsweise der Bockwindmühle und etwas östlich der Marzahner Promenade, fällt ein grelles Wandbild auf, das ein surreales Stadtpanorama vor den Marzahner Wohnhochhausscheiben entfaltet (2010).
Foto: Harald Bodenschatz

Winkel zur Chaussee das alte, verschlafene und nur schlecht mit dem öffentlichen Verkehr erreichbare Dorf gleichen Namens mit einer uralten Kirche erstreckt. Nach Hönow erreicht der Autofahrer bald die Autobahnauffahrt Berlin-Marzahn.

Chancen für morgen

Wie kaum eine andere Radialstraße ist die Landsberger Allee zu einem nahezu ausschließlichen (Auto-)Verkehrsraum geworden und dient nicht als Lebensraum. Sie ist ein Musterbeispiel alter Mobilität, bietet aber auch Chancen für eine neue Mobilität. So ist der öffentliche Verkehr entlang der Landsberger Allee ausbaufähig. Dem Fahrradverkehr wurden zwar eigene Spuren reserviert, er ist dem Autoverkehr allerdings völlig untergeordnet und beschneidet immer wieder den Raum für Fußgänger. Aufgrund der monofunktionalen und in der Regel von der Straße abgewendeten Bauten und Siedlungen steht eine Aufwertung der Landsberger Allee vor besonderen Schwierigkeiten und erfordert längere Zeiträume. Hier könnten sich Maßnahmen zunächst auf herausgehobene Lagen konzentrieren, während die Zwischenlagen Räume für neue nachbarschaftliche Nutzungen bieten. Zuallererst ist eine erhaltende Erneuerung des Sport- und Erholungszentrums westlich der Danziger Straße dringend erforderlich. Direkt daran anschließend ermöglicht der Abschnitt zwischen Danziger Straße und S-Bahn-Ring, ein äußerst zentraler, historisch und gesamtstädtisch bedeutsamer Ort, eine weitere Verdichtung und Nutzungsmischung. Die ungenutzten denkmalgeschützten Bauten des Zwischenpumpwerks Lichtenberg müssen endlich angemessen, etwa als Kulturzentrum, genutzt werden. Eine sinnvolle Nutzung und Gestaltung des riesigen Distanzraums zwischen der Marzahner Promenade und dem Dorf Marzahn ist die größte Herausforderung an der Landsberger Allee. Hier wurden von Studenten der TU Berlin Nachbarschaftsgärten vorgeschlagen, aber auch Nachbarschaftsmärkte, kleine gastronomische Einrichtungen, Skateboard-Zonen, der Ausbau und eine bessere Gestaltung des Mittelstreifens sowie Bepflanzungen. Ein weiterer Vorschlag war die Verknüpfung des Dorfs Hönow mit dem Siedlungsgebiet Hönow durch einen Wochenmarkt. Von großer Bedeutung wäre auch eine bessere Gestaltung und Nutzung der konturlosen Kreuzung Landsberger Allee/Blumberger Damm, in deren Nähe sich das neue Quartier um den Altlandsberger Platz erstreckt. Zu all diesen Fragen bedarf es lokaler Gesprächsrunden vor Ort, um die Bedürfnisse der Nachbarschaften zu klären.

Studentinnen der Bauhaus-Universität Weimar schlagen vor, den Volkspark Friedrichshain mittels einer radikalen Begrünung des Platzes der Vereinten Nationen und der Lichtenberger Straße zu erweitern. Etwa in Höhe des abgebrochenen Lenin-Denkmals ist ein Stadtplatz in den grünen Dschungel eingebettet (2013).

Quelle: Nija-Maria Linke, Lena Mingers, Amelie Wegner und Tina Zahl

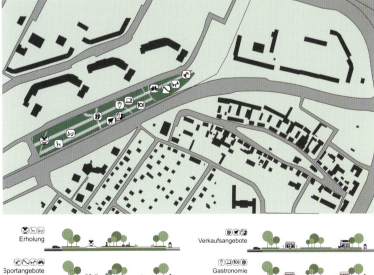

Vorschlag von Studenten der TU Berlin für eine nachbarschaftliche Nutzung der großen, leeren Flächen zwischen der Marzahner Promenade und dem Dorf Marzahn (2011).

Quelle: Harald Andreowsky, Elise Chop, Yuki Hanfeld und Danny Spangenberg

Nördlich der Landsberger Allee liegt das Velodrom von Dominique Perrault, südlich der ehemalige Städtische Central-Vieh- und Schlachthof (2013).
Foto: Mila Hacke

Karl-Marx-Allee plus

Arvid Krüger

Reichsstraße 1, Stalinallee, Karl-Marx-Allee, Bundesstraße 1 – große Namen künden von der bedeutendsten Radialstraße des Berliner Ostens, welche die Bezirke Friedrichshain-Kreuzberg, Lichtenberg und Marzahn-Hellersdorf durchquert. Dieser Straßenzug sollte in der Ost-West-Achse der nationalsozialistischen Großraumplanung aufgehen. Seinen Auftakt bildet der vielleicht berühmteste Platz Berlins: der Alexanderplatz.

Von Osten her betrachtet beginnt die Bundesstraße 1 an der Oder. Dort erlangte die Kleinstadt Küstrin zweimal militärische Berühmtheit: das Schloss als Ort der Haft des preußischen Kronprinzen Friedrich, des späteren Friedrichs II., 1730–1732 und die Festung als letztes Hindernis der Roten Armee im Zweiten Weltkrieg auf dem Weg nach Berlin. Heute ist Küstrin ein archäologisches Denkmal an der deutsch-polnischen Grenze. Von hier verläuft die alte Reichsstraße 1 geradewegs zum Alexanderplatz in Berlins Mitte. Die Grenze zur Stadtregion liegt ziemlich genau am Berliner Autobahnring. Hier passieren wir die letzten Brandenburger Seen und erleben bald die ersten suburbanen Gewerbegebietskisten. Die Straße hat Autobahncharakter, in der Ferne sehen wir Einfamilienhausgebiete. Dass die Stadtgrenze überschritten wird, ist lediglich daran erkennbar, dass kurz nach dieser eine Straßenbahntrasse kreuzt, sonst erst, wenn sich der verkehrsumtoste Dorfanger von Biesdorf mit seinem klassizistischen Schlösschen in den Weg stellt. Die Brücken, die im Anschluss unterquert werden müssen, markieren als Berliner Bahnaußenring die Grenze zwischen Suburbia und verdichteter Vorstadt. Rechts folgt ein Plattenbaugebiet, links stehen Verwaltungshochhäuser, bald ist ein weiteres Plattenbaugebiet zu

Die bedeutendste Radialstraße des Berliner Ostens trägt seit jeher große Namen: Reichsstraße 1, Stalinallee, Karl-Marx-Allee, Bundesstraße 1 (2009).
Foto: Philipp Meuser

Die nur schwer zugängliche Kirche auf dem Biesdorfer Anger wird beidseitig durch mehrspurige Einbahnstraßen vom Verkehr eingeschlossen. Die gemeinsamen Geh- und Radwege verengen sich auf nur wenige Meter (2013).
Foto: Mathias Kupke

sehen, die Anzahl einzelner Altbauten nimmt zu, und wir begreifen, dass hier über den Bahnhof Lichtenberg, der der wichtigste Fernbahnhof Ost-Berlins war, eine Autobahnschneise geführt wurde. Hinter dem Bahnhof stehen einige verwaiste Gewerbe- beziehungsweise Verwaltungsbauten. Ansonsten fast das gleiche Bild, nun aber kompakter, urbaner. Es gibt mehr Fußgängerampeln und an einigen Kreuzungen erhalten wir erste Einblicke in städtische Strukturen. Die Anzahl der Ampeln hat in letzter Zeit zugenommen. An einer der noch unübersichtlichen Kreuzungen nahe des U-Bahnhofs Magdalenenstraße steht nun ein brandneuer Aufzug in der Mitte der Straße. Die Ansprüche des Fuß- und Radverkehrs auf ihren Teil der Straße symbolisierend, erzeugte er prompt Beschwerden über vermehrte Staus.

An der Kreuzung mit dem S-Bahn-Ring, am Bahnhof Frankfurter Allee, ändert sich das Stadtbild radikal. Wir sind in der Innenstadt angekommen, in Friedrichshain, einem der inzwischen angesagten kaiserzeitlichen Quartiere. Ab dem Frankfurter Tor, das historisch einen Kilometer weiter stadteinwärts lag, heißt die Straße Karl-Marx-Allee. Die Ikone des DDR-Städtebaus, die alte Stalinallee, bringt uns zu dem nach Zar Alexander I. benannten Platz in die Mitte Berlins. Für die weitere Verdichtung des 2. Bauabschnitts der ehemaligen Stalinallee zwischen Strausberger und Alexanderplatz wurde nach jahrelangem Streit ein Konsensplan zwischen Senat und Bezirk vereinbart.

Die städtebaulichen Höhepunkte der Straße in Berlin sind die Bebauung entlang der Karl-Marx-Allee und das Schloss Biesdorf. Sie markieren Ein- und Ausgang des städtischen Teils der Radialstraße.

Weniger Beachtung als die Arbeiterpaläste der Stalinzeit findet der asymmetrische Straßenquerschnitt im ersten Bauabschnitt der ehemaligen Stalinallee (2008).
Foto: Harald Bodenschatz

Die Bauten der Nachkriegsmoderne an der Karl-Marx-Allee flankieren einen Verkehrsraum mit gigantischen Ausmaßen (2013).
Foto: Mila Hacke

Schloss Biesdorf soll nach seiner Sanierung (bis 2015) Heimstätte für die gegenständliche Kunst der DDR werden. Neben dem Bezug zur DDR haben das Schloss und die Karl-Marx-Allee auch eine städtebauliche Gemeinsamkeit: Der Autoverkehr dominiert die wesentlichen Teile des öffentlichen Raums und der öffentliche Raum selbst ist stark aufgeweitet, eigentlich zu großformatig.

Zwischen Schloss Biesdorf und dem Autobahnaußenring (A 10) erstrecken sich über 13 Kilometer wenig attraktive Straßenräume im Spannungsfeld zwischen Suburbanisierung, Zersiedelung und Zwischenstadt. Hier finden sich Versuche, Surburbia zu urbanisieren (wie etwa am U-Bahnhof Elsterwerdaer Platz), sowie alte, umfahrene Dorfkerne (Kaulsdorf, Dahlwitz), Baggerseen für den pubertierenden Teil der Bevölkerung und die allseits bekannten Großeinzelhändler, Gewerbezentren und Wohnparks. Aber auch eine der am stärksten genutzten S-Bahn-Linien – jüngst wurde der 10-Minuten-Takt ganztägig bis in die Umlandgemeinden ausgeweitet – läuft hier parallel von der Stadtgrenze bis fast zur Autobahn.

Potenziale

Entlang der Allee befinden sich zwei ehemalige Stasi-Zentralen: die bekannte DDR-Zentrale in der Normannenstraße und die unbekanntere Ost-Berliner Zentrale an der »Ecke« Tierpark, der hier südlich anschließt. In Letzterer residieren heute das Bezirksamt Lichtenberg und (noch) ein Teil der Hochschule für Wirtschaft und Recht (HWR). Es

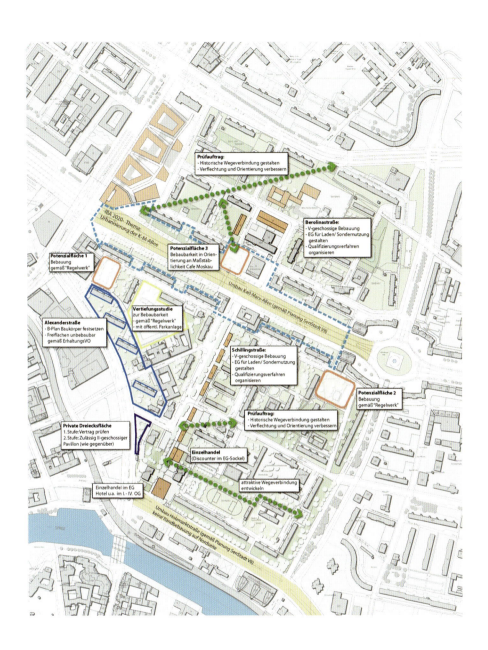

»Konsensplan« zwischen Senat und Bezirk zur Weiterentwicklung der Karl-Marx-Allee samt Hinterland zwischen Alexanderplatz und Strausberger Platz, bearbeitet von STADT LAND FLUSS Büro für Städtebau und Stadtplanung, Berlin (Stand Juni 2011)
Quelle: STADT LAND FLUSS

ist also – allen Zusicherungen des Verbleibs zum Trotz – lediglich eine Frage der Zeit, bis hier nicht nur eine Nachnutzung gefunden, sondern ein städtebaulicher Zusammenhang zum Tierpark und zur neuerdings Tierparkbogen genannten, unmittelbar benachbarten Großsiedlung hergestellt werden muss. Die »große« Stasi-Zentrale harrt ebenfalls der Nachnutzung. Einige Gebäude wurden zwischenzeitlich durch das Bezirksamt belegt. Aber auch die Berliner Modeszene hatte sich schon einmal hierher verirrt. Im Gegensatz zur Ost-Berliner Zentrale ist die Normannenstraße Teil eines seit 2013 von Städtebauförderungsmaßnahmen profitierenden Altbauquartiers, das in dem Ruf steht, Auffangquartier für ärmere Gentrifizierungspioniere zu sein, die sich Friedrichshain nicht mehr leisten können oder wollen. Die Entwicklung dieses Areals zwischen Gedenkstättenanspruch, Baumasse für preiswertes Wohnen, Mischnutzungsideen, Kleingewerbe und Räumen für Kunst wird zukünftig – ob gewollt oder nicht – ein Leitprojekt der schlicht Frankfurter Allee Nord genannten Städtebauförderungskulisse sein. Es ist der älteste Teil der 1920 eingemeindeten industrialisierten Großstadt Lichtenberg. Ein Integriertes Stadtentwicklungskonzept wird gerade erstellt. Offen bleibt aber, ob es eine städtebauliche Öffnung des nördlichen Quartiers zur Allee geben wird oder ob sich FAN und FAS (Frankfurter Allee Nord und Süd) weiter Rücken an Rücken gegenüberstehen. Ein erstes Projekt an der Nahtstelle ist bereits im Entstehen: Die nicht mehr für den Durchgangsverkehr genutzte »alte« Frankfurter Allee am Nordausgang des Bahnhofs Lichtenberg wird zu einem Stadtplatz umgestaltet.

Im neuen Städtebaufördergebiet könnten die Instrumente, die in den Achtziger- und Neunzigerjahren in der Stadterneuerung erprobt wurden und die in den vergangenen zehn Jahren verloren gegangen zu sein schienen, aktualisiert werden. Um nur eine der vielen aktuellen wohnungspolitischen Fragen zu stellen: Wie funktioniert Milieuschutz in Zeiten frei flottierender Finanzströme? Darüber hinaus bestehen große Chancen für das alte Stadtbad (Hubertusbad) und das alte Krankenhaus (Lindenhof). Was auch aus den ehemaligen Kernelementen gesundheitlicher Infrastruktur der Industrialisierungszeit dereinst wird, es wird etwas mit Wohnen zu tun haben.

Hauptsächlich gewohnt wird schon jetzt in den beiden Großsiedlungen Frankfurter Allee Süd und Friedrichsfelde Ost. Dass sie weniger bekannt sind als Marzahn und Hellersdorf, liegt im Wesentlichen daran, dass umfassende Bevölkerungsaustauschprozesse hier (noch) nicht stattgefunden haben. In beiden Siedlungen lebt eine relativ zufriedene Mittelschicht, zum Teil noch aus Erstbeziehern bestehend. Die Siedlungen stehen pars pro toto für zwei mögliche Entwicklungsszenarien.

☐ Stadtumbaugebiet Frankfurter Allee Nord (FAN)
☐ Sanierungsgebiete
☐ Neuanlage bzw. Aufwertung öffentlicher Freiräume
☐ Baupotenziale

① Neuordnung ehemaliges MfS-Areal
② Neugestaltung öffentl. Raum Frankfurter Allee einschließlich Verkehrsmaßnahmen
③ Neugestaltung ehemaliger Schulkomplex Rüdigerstraße
④ Umnutzung ehem. Kinderkrankenhaus Lindenhof
⑤ Zwischen- oder Umnutzung Hubertusbad
⑥ Neugestaltung öffentl. Raum Wohngebietszentrum Alte Frankfurter Allee / Siegfriedstraße
⑦ Gestaltung öffentlicher Raum und städtebauliche Akzentuierung
⑧ Gestaltung öffentlicher Raum und »Stadtbalkone«
⑨ Neuplanung Kindertagesstätte

»Integriertes Entwicklungskonzept« für das Stadtumbaugebiet Frankfurter Allee Nord (Stand Januar 2013)

Quelle: Senatsverwaltung für Stadtentwicklung und Umwelt

Die Großsiedlung Frankfurter Allee Süd zeigt, wie im Zuge der Städtebauförderung sowohl im öffentlichen Raum als auch in der Etablierung gemeinwesenorientierter Infrastruktur (hier: »Kiezspinne«) Vorbildliches geleistet werden kann. Lichtenberg hat an zwei entscheidenden Stellschrauben Instrumente einer stetigen sozialen Stadtentwicklungspolitik etabliert und damit die vorhandenen zivilgesellschaftlichen Stärken betont: erstens im Rahmen der eigenen kommunalen Anstrengungen in der Sozialraumorientierung (Stadtteilzentren) und zweitens mit Bürgerbeteiligung (Bürgerhaushalt). Wie solche Regelstrukturen der sozialen Stadt aussehen können, lässt sich an verschiedenen Stellen des Bezirks entwickeln, auch an der Frankfurter Allee.

Ein anderes Szenario könnte sich im ungünstigen Fall in Friedrichsfelde Ost zeigen. Rund um den S-Bahnhof ist die Einzelhandelsinfrastruktur auf wenige Läden geschrumpft. Die nahe Hochschule (HWR) konnte bisher keine Entwicklungsimpulse in das Quartier geben. Neue, arme Milieus nehmen den Platz alteingesessener, alternder Mittelschichten ein und beginnen das Quartier zu prägen. Wer sich in den Kitas und auf den öffentlichen, doch leeren Plätzen des Quartiers bewegt, erkennt Vorzeichen einer sozialen Abwärtsdynamik. Diese ist jedoch relativ: Wenn das Quartier im Monitoring Soziale Stadtentwicklung auffällt, dann weil Teilgebiete von der »guten« in die »mittlere Gruppe« abrutschen, aber sich noch oberhalb der bekannten Quartiersmanagementgebiete der Gesamtstadt befinden. Präventive Stadterneuerung ist also die hier anstehende Aufgabe. Dazu gehört auch die Beantwortung der Frage, wie sich ein Quartier als Gesamtheit entwickeln lässt, wenn es von einer autobahnähnlichen Radiale zerschnitten wird.

Die Bundesstraße 1 ist zuallererst ein Verkehrsraum. An zwei Scharnierstellen wird das besonders deutlich. Die Lichtenberger Brücke

Mit je vier Fahrspuren pro Richtung trennt die Frankfurter Allee die nördlich liegende kompakte Bebauung von der aufgelockerten Großwohnsiedlung im Süden (2013).
Foto: Mila Hacke

überspannt den gleichnamigen Bahnhof und seine unzähligen Nebengleisanlagen. Zu großen Teilen sind die Flächen ungenutzt und es entstanden unterschiedliche Freiräume, deren Potenzial noch nicht ausgeschöpft zu sein scheint, obwohl die Kreativen schon da sind. Die alten Bürogebäude (ehemalige Zentrale der Deutschen Reichsbahn) wurden – privatwirtschaftlich animiert – zu Studierendenwohnungen: vorn die Straße, hinten die Gleise. Wenn es innenstadtnahe Brach- und Möglichkeitsräume gibt, die noch nicht in die ideologisierten stadtpolitischen Debatten eingebracht wurden, dann hier.

Ideologisch umkämpft ist hingegen die Stadtautobahn (A 100), der innere Autobahnring. So er denn fertig wird, soll er am S-Bahnhof

Die Plattenbauten an der Kreuzung wurden durch aufgemalte Bäume und Wolken verschönert (2013).
Foto: *Cordelia Polinna*

Frankfurter Allee endgültig enden, weil sonst der Verkehr nordwestwärts in den Stadtteil Prenzlauer Berg flösse. Die nach Osten anschließende Frankfurter Allee und der Weißenseer Weg nach Nordosten sind leistungsfähige Stadtstraßen. Wie gestaltet man aber eine verträgliche Kreuzung mit der Rampe der A 100? Wie integriert man die vorhandene Straßenbahn und den Fahrradverkehr? Wie geht man damit um, dass der Bahnhof Frankfurter Allee der letzte Ringbahnhof ist, wo die Verkehrsmittel S-Bahn, U-Bahn und Straßenbahn nicht per Wegeleitung miteinander verbunden sind? Hier ist ein Verkehrsraum, der zwar nicht teilbar, aber neu aufteilbar ist – dann aber für alle Verkehre: Fuß-, Rad-, Autoverkehr und den hier nur auf der Schiene stattfindenden öffentlichen Nahverkehr.

Berlins Brücke nach Osten

Viele der Herausforderungen der Bundesstraße 1 – baukulturelle Werte aus sozialistischer Zeit, (noch) mittelschichtsorientierte Großsiedlungen, sich rasant verändernde Altbauquartiere, de-ökonomisierte Brachflächen (städtebaulich ist die Stasi-Zentrale zunächst ein aufgegebenes großes Verwaltungsgrundstück), ein rapide entstandenes Suburbia sowie ein sich mehr und mehr entleerendes Hinterland – sind Themen, mit denen sich zumindest auch andere osteuropäische Stadtregionen auseinandersetzen müssen. Die Bundesstraße 1 verlief als alte Reichsstraße von der Europastadt Aachen bis ins heute russische Königsberg. Was damals verkehrliche Ziele waren, könnte heute radikal radial mit den richtigen konzeptionellen Fragestellungen aufs Neue verbunden werden.

In der DDR-Zeit wurde der Straßenabschnitt Alt-Friedrichsfelde an der Kreuzung mit der Rhinstraße mit Tunnel autogerecht ausgebaut und aufgeweitet (2013).
Foto: Mila Hacke

Karl-Marx-Straße plus

Valentin Hadelich

Die im Norden des Bezirks Neukölln beginnende und nach Südosten verlaufende Karl-Marx-Straße ist eine der abwechslungsreichsten und heterogensten Radialstraßen Berlins. Sie durchquert in ihrem Verlauf die Ortsteile Neukölln, Britz, Buckow und Rudow und ändert dabei mehrmals ihren Namen in Buschkrugallee, Rudower Straße, Neuköllner Straße und Waltersdorfer Chaussee, bis sie schließlich das Gelände des Flughafens Berlin Brandenburg erreicht. Nach der Eröffnung des neuen Flughafens ist entlang der Radialstraße, vor allem in den südlichen Abschnitten, eine außerordentlich dynamische Entwicklung zu erwarten.[16]

Der nördliche Abschnitt der Radialstraße bis zum S-Bahn-Ring ist durch eine weit überdurchschnittliche Multikulturalität geprägt. Menschen aus 160 Nationen leben und arbeiten hier, was sich im Straßenbild der Karl-Marx-Straße und der angrenzenden Quartiere widerspiegelt. Der positive Eindruck der vielfältigen, kreativen und interkulturellen Atmosphäre wird durch einen Blick auf die Sozialdaten etwas getrübt. Der Bezirk Neukölln weist in allen sozioökonomisch

Die als Karl-Marx-Straße beginnende Neuköllner Radialstraße ist besonders abwechslungsreich und heterogen (2013).
Foto: Philipp Meuser

---

16 Die Darstellung der Karl Marx Straße stützt sich auf Ergebnisse des Entwurfprojekts *StreetView: Berlin > < Los Angeles*, das im WS 2012/2013 am Lehrstuhl Entwerfen und Städtebau 1 an der Bauhaus-Universität Weimar durchgeführt wurde. Betreut wurden die Studenten durch Prof. Wolfgang Christ, Valentin Hadelich, Inga Brückner und Andreas Fuchs (ECE Projektmanagement GmbH & Co. KG). Im Fokus der Konzeptentwicklung und des »Street Design« standen das Format und die Architektur des Handels. Am Entwurf waren folgende Studenten beteiligt: Renata Gay, Daniela Hoffrichter, Yasemin Karabulut, Pit Konczak, Martin Kränsel, Lucia Kühnelová, Julien Lengefeld, Drusilla Moratti, Benedikt Pedde, Alexandra Schenker-Primus, Alan Švec, Sven Abe Tjalma, Adriaen Unger, Zhang Wenwen, Chijun Xu.

relevanten Bereichen im Berliner Vergleich sehr problematische Werte auf. Mit Ausnahme der Gropiusstadt, die im statistischen Mittel liegt, teilt sich Neukölln deutlich in die Quartiere nördlich und südlich der Stadtautobahn. Im Norden leben überdurchschnittlich viele junge Menschen mit Migrationshintergrund, während der Süden überwiegend durch ältere deutsche Einwohner geprägt ist.[17] Vom Hermannplatz bis zum Endbahnhof Rudow der U-Bahn-Linie 7 sind die Quartiere entlang der Straße durch die Haltestellen am Hermannplatz (U7/U8) und am S- und U-Bahnhof Neukölln sowie durch die den gesamten Straßenverlauf begleitenden und kreuzenden Buslinien sehr gut erschlossen und vernetzt.

Vom Hermannplatz zum S-Bahnhof Neukölln

Den Auftakt der Karl-Marx-Straße bildet der Hermannplatz, der ursprünglich kein Stadtplatz, sondern nur ein Teilstück des Weges von Berlin über Rixdorf nach Mittenwalde war. Dieser Platz wird bis heute durch das 1929 eröffnete Karstadt-Warenhaus beherrscht, das früher als das modernste Kaufhaus Europas galt.[18] Auf dem zentralen, von dreispurigen Einbahnstraßen umlaufenen Platzbereich ergänzt ein Wochenmarkt das Angebot der umliegenden Einzelhandelsfilialisten. Im Rahmen des 2012 ausgewiesenen Sanierungsgebiets Karl-Marx-Straße/Sonnenallee ist eine fußgängerfreundliche Gestaltung geplant: Die Verkehrsführung soll verändert werden, um die Aufenthaltsqualität zu steigern; die Fahrbahnen sollen reduziert und die Gehwege, insbesondere auf der Karstadt-Seite, erweitert werden, um der Gastronomie mehr Raum zu bieten.
Die Karl-Marx-Straße zwischen Hermannplatz und S-Bahn-Ring zeichnet sich durch eine sehr kompakte, für Berlin typische Blockbebauung mit Hinterhöfen aus. Prägend ist eine Abfolge von Plätzen und dominanten Gebäuden, die mit dem Turm des Rathauses Neukölln ihren Höhepunkt findet. Der zentrale Bereich, das traditionelle Geschäftszentrum Neuköllns, litt in den vergangenen beiden Jahrzehnten unter Kaufkraftverlusten der Bewohner und unter der Konkurrenz mit Einkaufszentren wie etwa den Gropius-Passagen. Die Geschäftsstraße und die angrenzenden Quartiere haben jedoch infolge der Schließung des Flughafen Tempelhofs an Attraktivität

---

17 Bezirksamt Neukölln von Berlin, Abteilung Jugend und Gesundheit (Hg.) (2012): Gesundheitsbericht. Neukölln – Daten zur sozialen Lage, Nr. 1, August 2012, Berlin. http://www.berlin.de/ba-neukoelln/derbezirk/gesundheitsbericht.html (05.06.2013).
18 Mauruszat, Axel (2006): Karstadt am Hermannplatz,
URL: http://www.berlin-hermannplatz.de/karstadt/ (04.06.2013).

gewonnen. Das Gebiet befindet sich mitten im Um- und Aufbruch: von der »Bronx Berlins«[19] hin zum Szene-Quartier. Die Atmosphäre der Straße wird heute durch das Gewerbe in den Erdgeschossen beeinflusst, das mit seinem bunten und abwechslungsreichen Durcheinander den Passanten begleitet. Von kleinen Einzelhändlern, Filialisten und Handwerkern bis hin zum Möbelhaus und zur Tankstelle ist hier alles zu finden. Läden wie Sweet Home Neukölln oder Kaufst Du – Sparst Du, Internetcafés und Casinos sorgen für einen gewissen »Billig-Charakter« der Straße, der noch die Kaufkraft in den umliegenden Quartieren widerspiegelt, zunehmend aber dem kreativen und dynamischen Umfeld widerspricht. Gegenüber dem repräsentativen Amtsgericht erhebt sich seit dem Jahr 2000 das Shoppingcenter Neukölln Arcaden, in dem auch die Bezirksbibliothek untergebracht ist. Im folgenden Abschnitt zeigen sich die Folgen des Strukturwandels im Einzelhandel. Nur wenige Meter vom Rathaus Neukölln entfernt steht das C&A-Gebäude auf der östlichen Straßenseite seit 2012 leer, ebenso die Alte Post (seit 2003), ein Baudenkmal und eines der wichtigsten städtebaulichen Merkmale der Karl-Marx-Straße, das durch die Initiative des Bezirksamts Neukölln seit 2008 kulturell zwischengenutzt wird. Das ehemalige Quelle-Kaufhaus kämpft als »Schnäppchenmarkt« ums Überleben. Das Hertie-Kaufhaus erhielt durch Aufteilung in Geschäftsräume für Filialisten, Fitnessstudios und mietbare Lagerräume eine neue Chance.

Am Platz der Stadt Hof verschwenkt die Straße ein wenig nach Westen und kommt von ihrem ursprünglichen Verlauf, welcher der heutigen Richardstraße entspricht, ab. Der Platz wird umgestaltet und soll in einem offenen Abstimmungsprozess einen neuen Namen erhalten. Das sich hier aufspannende Büdner-Dreieck erinnert an die Geschichte Rixdorfs als bäuerliche Siedlung. Heute bildet es mit der Neuköllner Oper, dem Saalbau und dem Puppentheater-Museum den kulturellen Kern Neuköllns. Die Passage zur Richardstraße kann als ein Eingang zur Keimzelle des Bezirks, Böhmisch-Rixdorf und Deutsch-Rixdorf, bezeichnet werden. Die Atmosphäre dieses Quartiers, das seinen dörflichen Charakter behalten hat, unterscheidet sich grundlegend von der an der Karl-Marx-Straße. Am Karl-Marx-Platz endet das Sanierungsgebiet und wenig später kreuzt die Karl-Marx-Straße am S-Bahnhof Berlin-Neukölln die Ringbahn. Der Turm des Bahnhofsgebäudes bildet den letzten visuellen Anker und zugleich den Abschluss des urbansten Teils der Straße.

---

[19] Vgl. Wensierski, Peter (1997): Endstation Neukölln, in: Der Spiegel, Nr. 43 vom 20.10.1997, S. 58–63.

Die Karl-Marx-Straße ist von kulturellen Einrichtungen und Einzelhandel geprägt (2013).
Foto: Mila Hacke

Der sehr stark genutzte Straßenraum der Karl-Marx-Straße soll bis 2020 fußgänger- und radfahrerfreundlich umgestaltet werden (2013).
Foto: Mila Hacke

Anknüpfend an den Bautyp der Neuköllner Passage schlagen Studenten der Bauhaus-Universität Weimar eine neue Bebauung an der Karl-Marx Straße zwischen Uthmannstraße und Herrnhuter Weg vor, die anspruchslose Gewerbebauten ersetzen soll.

Quelle: Alexandra Schenker-Primus, Sven Abe Tjalma und Adrian Unger, 2013

Am innerstädtischen Abschnitt der Radialstraße sind auf Basis mehrerer Förderkulissen (»Aktive Zentren«, Sanierungsgebiet) vielfältige Maßnahmen zur Stärkung des Neuköllner Geschäfts-, Verwaltungs- und Kulturzentrums geplant, vor allem eine Reduzierung der Fahrspuren und Stellplätze sowie die Anlage von Radwegen. Mit der Umsetzung der ersten Bauphase im südlichen Abschnitt der Karl-Marx-Straße wurde bereits begonnen, das gesamte Projekt soll im Jahr 2020 abgeschlossen sein.

Südlich des S-Bahn-Rings: die innere Peripherie

Zwischen dem S-Bahn-Ring und der Stadtautobahn A 100 ändert sich der Charakter der Radialstraße grundlegend. Die Blockbebauung bricht auf und es beginnt, insbesondere auf der östlichen Seite der Straße, ein Stück »innere Peripherie«[20], dessen Auftakt ein großflächiges SB-Warenhaus direkt nach der S-Bahn-Unterführung bildet. Die räumlich undefinierte Situation täuscht jedoch darüber hinweg, dass sich nördlich und südlich der querenden A 100 ein wichtiges Industrie- und Gewerbegebiet befindet, das über 10.000 Menschen Arbeitsplätze bietet. Neben straßenbegleitenden Wohngebäuden finden sich im Abschnitt südlich der Autobahn auch ein Friedhof und Sporteinrichtungen. Als grüne Ader quert der Teltowkanal das suburban anmutende Quartier.

Im weiteren Verlauf verliert die Radialstraße zunehmend ihr räumliches Profil und erhält einen dichten Baumbestand, der den Blick auf die Randbebauung verdeckt. Hier erstrecken sich Kleingärten, die in Wohnsiedlungen aus der Zwischen- und Nachkriegszeit sowie in Ein- und Mehrfamilienhausgebiete übergehen. Nur wenige Hundert Meter von der Straße entfernt liegt, zwischen Teterower Straße und Parchimer Allee, eine der interessantesten Wohnanlagen des Neuen Bauens aus der Weimarer Republik: die Hufeisensiedlung von Bruno Taut und Martin Wagner, die seit 2008 UNESCO-Welterbe ist.

Bereits auf Höhe der Blaschkoallee ist die Radialstraße als Boulevard mit grünem Mittelstreifen ausgebildet. Die dadurch entstehende großzügige Atmosphäre mildert den Eindruck einer sehr heterogenen Straßenrandbebauung und verleiht dem Abschnitt einen einheitlichen Charakter. Dieser erhält sich bis zur Fritz-Erler-Allee. Immer wieder wird auf diesem Abschnitt der Blick auf eine der bekanntesten

---

20 Zur inneren Peripherie vgl. Think Berl!n (Hofmann, Aljoscha / Polinna, Cordelia / Richter, Jana / Schlaack, Johanna) (2013): Innere Peripherie Reurbanisieren, URL: http://www.think-berlin.de/tag/innere-peripherie/ (04.06.2013).

Großsiedlungen des Sozialen Wohnungsbaus in Berlin frei: die zwischen den alten Dörfern Britz, Buckow und Rudow liegende Gropiusstadt (1962–1975). Deutlich dichter als ursprünglich geplant, befinden sich auf einer 264 Hektar großen Fläche 18.500 Wohnungen für heute etwa 36.000 Menschen. Die Gropiusstadt kehrt – wie andere Großsiedlungen auch – der Radialstraße den Rücken zu, ihr Zentrum ist im Inneren der Siedlung verortet. Aktuell entwickelt die degewo Aktiengesellschaft, ein Großunternehmen der Berliner Wohnungswirtschaft, einen Masterplan zur Erweiterung und Aufwertung der Großsiedlung, allerdings ohne Bezug zur Radialstraße.

Am Endpunkt der U-Bahn-Linie 7 an der Waltersdorfer Chaussee erstreckt sich die »Rudower Spinne«. Im Zuge des U-Bahn-Baus in den Siebzigerjahren wurde hier die historische Führung der Radialstraße durch den Dorfkern Alt-Rudow aufgegeben und durch eine dreispurige Straße über dem U-Bahn-Tunnel ersetzt. Der so entstandene Platz könnte als markantes und einladendes Eingangstor nach Berlin gestaltet werden, vor allem weil er auch als Knotenpunkt des öffentlichen Nahverkehrs und als Nahversorgungszentrum dient. In seiner derzeitigen, von Flachbauten und »Supermarktkisten« geprägten städtebaulichen Form wird er dieser Funktion jedoch nicht gerecht.

Kurz vor der Grenze Berlins liegt auf der Westseite der Straße die 1996 fertiggestellte Gartenstadt Rudow. Mit ihren bis zu fünfgeschossigen Bauten wendet auch sie sich von der Durchgangsstraße ab. De facto wird die Radialstraße auf Höhe der Hans-Grade-Allee mit der Auffahrt auf die Autobahn 113 unterbrochen. Schließlich gelangt man zur S-Bahn-Haltestelle Berlin-Schönefeld Flughafen und zum Flughafen Berlin Brandenburg. Folgt man der Autobahn 113 oder den verworrenen Nebenstrecken weiter nach Südosten, erreicht man Waltersdorf, ein bemerkenswertes Beispiel eines extrem autogerechten, durch Gewerbegebiete und großflächigen Einzelhandel gekennzeichneten Ortes der Nachwendezeit. Von hier führt die Radialstraße als Königs Wusterhausener Straße und Berliner Chaussee weiter zu der Mega-Shoppingmall A 10 Center am äußeren Berliner Autobahnring.

Der S-Bahn-Ring markiert den Übergang zur Außenstadt (2013)
Foto: Mila Hacke

Die »Rudower Spinne« ist ein wichtiger Nahverkehrsknoten, der noch von autogerechten Nutzungen und »Einzelhandelskisten« dominiert wird (2013).
Foto: Mila Hacke

Mehringdamm plus

Hildebrand Machleidt

Die als Mehringdamm startende Radialstraße führt exakt nach Süden und bildet die historische Landstraßenverbindung nach Halle. Sie tangiert das große ehemalige Flugfeld Tempelhof und berührt noch auf Berliner Gebiet mehrere Angerdörfer. In Zukunft wird sie eine wichtige Anbindung an den Großflughafen Berlin Brandenburg sein.

Als Mehringdamm startend, tangiert die Radialstraße das große ehemalige Flugfeld Tempelhof und berührt noch auf Berliner Gebiet mehrere Angerdörfer (2013).
Foto: Philipp Meuser

Die Radialstraße, die zugleich die Bundesstraße 96 ist, beginnt als Mehringdamm und trägt im weiteren Verlauf die Namen Tempelhofer Damm, Mariendorfer Damm, Lichtenrader Damm und Kirchhainer Damm. Sie durchläuft zwei Bezirke und ist ausgehend vom Halleschen Tor bis zur Stadtgrenze 14 Kilometer lang. Bis zum Platz der Luftbrücke und dann, in abgeschwächter Form, wieder südlich des S-Bahn-Rings bis über Alt-Tempelhof hinaus hat sie einen innerstädtischen Charakter. Schließlich manifestiert sich an ihr die Eingemeindung der Dörfer Tempelhof, Mariendorf und Lichtenrade im Jahr 1920, deren Dorfkerne noch erhalten sind, wenngleich sie durch die intensive Verstädterung und Zersiedelung der Nachkriegszeit gelitten und an Bedeutung verloren haben. Im Berliner Vergleich bietet die Radialstraße einen eindrucksvollen, abwechslungsreichen und lesbaren Verbindungsraum zwischen der Stadtmitte und der Brandenburger Region. Jedoch gilt es, durch Nachverdichtung, Funktionsergänzung und Zentralitätsstärkung den vom Autoverkehr strapazierten Raum für alle Verkehrsteilnehmer zurückzugewinnen, die städtebaulichen Potenziale im Straßenverlauf zu entdecken und im Sinne einer dezentralen Urbanisierung der Außenstadt weiterzuentwickeln. Dabei könnte eine Reaktivierung der Vorort- beziehungsweise Straßenbahn in Verlängerung der U-Bahn-Linie 6 von Mariendorf nach Lichtenrade eine wichtige Rolle spielen.

Auftakt: Vom Halleschen Tor zum Platz der Luftbrücke

Ursprünglich begann die Radialstraße am Halleschen Tor. Im Zuge des Wiederaufbaus nach dem Zweiten Weltkrieg wurde allerdings das gesamte städtebauliche Umfeld des Mehringdamms zwischen Landwehrkanal und Großgörschen-/Blücherstraße neu geordnet. Zugunsten des Autoverkehrs wurden die Straßenräume verschwenkt und aufgeweitet, so dass man heute eine stark fragmentierte städtebauliche Situation vorfindet. Hier wird deutlich, wie die Verkehrsplanungen der Nachkriegszeit noch heute den Stadtraum im Sinne der autogerechten Stadt beherrschen. Das Umfeld südlich des U-Bahnhofs Hallesches Tor mit der Amerika-Gedenkbibliothek, dem Blücherplatz sowie den Friedhöfen zwischen der Zossener Straße und dem Mehringdamm bedarf einer umfassenden Neuordnung durch ergänzende Bebauung und Neugestaltung der Straßenprofile. Heute unterliegt dieser erweiterte Bereich mehreren Kulissen der Städtebauförderung, die von der Stadterneuerung über Denkmalschutz bis zum Quartiersmanagement reichen und einzelne Aktionsräume definieren. Dazu gehört westlich des Mehringdamms vor allem das historische und räumliche Potenzial um das heutige Finanzamt, die denkmalgeschützte ehemalige Kaserne des 1. Garde-Dragoner-Regiments. Hier soll im Verbund mit den historischen Bauten ein funktional und sozial gemischtes Stadtquartier entstehen, in dem vielfältigen Akteuren, wie etwa Baugruppen, Raum zur Verfügung gestellt wird.
Der weitere Verlauf des Mehringdamms ist von hoher städtebaulicher Qualität. Hier gibt es noch großbürgerliche Häuser aus der Zeit der Militärpräsenz Mitte des 19. Jahrhunderts und die räumliche Verbindung zum Viktoriapark mit dem Befreiungsdenkmal von Karl Friedrich Schinkel. Der überaus beliebte Bergmann-Kiez wird derzeit durch Wohnungsbau an der Friesenstraße ergänzt und könnte so in das künftige Columbiaquartier hineinwirken. Dringend eine neue Gestalt braucht der Platz der Luftbrücke. Der Funktionswechsel des Flughafengebäudes verlangt nach einem urbanen Platz, in dessen Randbebauung Handel, Dienstleistungen, Kultur und Gastronomie Raum finden sollten. Die jetzige strenge Öde der Gebäude am Platz sollte durch eine behutsame Öffnung der Erdgeschosse dieses Denkmals überwunden werden.

Vom Platz der Luftbrücke zum S-Bahn-Ring

Der Abschnitt entlang des Flugfelds verkam in der Nachkriegszeit zur Auto-Transitstrecke. Nach einem vielversprechenden Auftakt im räumlichen Verbund mit den von Bruno Möhring geschaffenen Bauten

Der Kreuzungspunkt mit dem S-Bahn-Ring und der Stadtautobahn ist eine Herausforderung für eine fußgänger- und radfahrerfreundliche Umgestaltung (2013).
Foto: Mila Hacke

an der Manfred-von-Richthofen-Straße erweist sich der Tempelhofer Damm bis zum S-Bahn-Ring als äußerst unattraktiv. Selbst der 1927/1928 nach Plänen von Eduard Jobst Siedler gebaute kompakte, aber nur dem Wohnen vorbehaltene Rand der Tempelhofer Siedlung konnte den asymmetrisch belegten Tempelhofer Damm nicht mit städtischem Leben füllen. Erst jetzt, aufgrund der geplanten Bebauung des südwestlichen Flugfelds am Tempelhofer Damm mit Dienstleistungen, Wohnen und der neuen Zentralbibliothek, bietet sich die Chance, diesen Abschnitt zu neuem Leben zu erwecken und ihn insgesamt mit den neuen Stadtquartieren auf dem Flugfeld zu verbinden. Auf der Westseite erfordern beide Entrees über die Manfred-von-Richthofen-Straße in die beliebte, durch Fritz Bräuning gestaltete Gartenstadt Neu-Tempelhof eine großzügigere Freiraumgestaltung.

Der in Hochlage kreuzende S-Bahn-Ring begrenzt Berlins Innenstadt und wird hier noch durch die Stadtautobahn dupliziert. Beide Verkehrsträger sind rein technische Infrastrukturen und können in ihrer spröden Präsenz die wichtige Zäsur zwischen innerer Stadt und äußerer Stadt nicht vermitteln. Der Bedeutung des Übergangsortes

könnte durch einen zeichenhaften »Torbau«, der durchaus in einer spannungsvollen Korrespondenz zur neuen Zentralbibliothek stände, Ausdruck verliehen werden.

Vom S-Bahn-Ring zum Teltowkanal

Südlich der Stadtautobahn ist der Stadtraum stärker fragmentiert und das Straßenprofil unmissverständlich auf den Automobilverkehr ausgerichtet – ohne Radwege und mit zu schmalen Mittelstreifen, die überwiegend Sperrgitter tragen. Das Quartier ist nach Osten auf wenige Blocktiefen begrenzt. Dahinter erstrecken sich ausgedehnte Gewerbegebiete und Kleingärten. Die geplante Bebauung des Flugfelds eröffnet die einmalige Chance, die Lücke im Stadtkontext zu schließen und die Stadtquartiere und Freiräume neu zu verknüpfen. Die Areale, die insbesondere südlich anschließen und bisher durch ihre Randlage am Flughafen in der Entwicklung eingeschränkt waren, können nun in Verbindung mit den geplanten Quartieren auf dem Flugfeld zu neuer urbaner Kraft und Attraktivität gelangen.
Fast unbemerkt und quer zum Tempelhofer Damm liegt das alte Dorf Tempelhof. Der Anger wurde in der Vergangenheit autogerecht überformt und hat dadurch viel von seiner historischen Aura verloren. Dieses Schicksal teilt er mit dem weiter südlich liegenden Mariendorfer Anger, der ebenfalls im Schatten der Aufmerksamkeit liegt. Aufgabe wird es sein, diese Orte der Berliner Geschichte wieder zu neuem Leben zu erwecken und sie als identitätsstiftende Mitte für die Stadtquartiere zurückzugewinnen.
Weiter südlich des Tempelhofer Angers, vor dem neuen und dem alten Rathaus, formt der Stadtraum einen städtischen Platz aus und bildet gegenüber mit dem Alten Park und seiner Dorfkirche aus dem 13. Jahrhundert eine attraktive landschaftliche Prägung. Das traditionelle Stadtteilzentrum entlang des Tempelhofer Damms mit seiner Architekturikone des Ullsteinhauses verfügt wegen des besonderen Hinterlandes auf der Ostseite nur über einen eingeschränkten Nahbereich. Die attraktive Lage sowie die Versorgungs- und Infrastrukturausstattung im Umfeld sind allerdings gute Voraussetzungen für städtisches Wohnen und verträgliches Arbeiten.
Der Teltowkanal könnte bei besserer Erschließung und Nutzung seiner Uferzonen eine wahrnehmbare Qualität für den umgebenden Raum ausstrahlen. Den Wert dieser besonderen Hafenlage hat bereits vor einigen Jahren das Modezentrum erkannt und seinen Standort am Ullsteinhaus ausgewählt. Die Umnutzung der Hafenspeicher und die Gestaltung der Ufer sind die ersten Schritte einer Wiederentdeckung

der Ufer des Teltowkanals zwischen den Bezirken Tempelhof und Neukölln. Leider wurde hier durch die abweisende Rückseite des Einkaufszentrums die Chance vertan, neben der attraktiven Hafenseite auch eine urbane Haltung zur Ordensmeisterstraße zu entwickeln.

Von Mariendorf bis Lichtenrade

Der folgende Mariendorfer Damm zeigt einen noch durchaus städtischen Charakter – wenngleich mit versetzten, geöffneten Fluchten und wechselnden Bauhöhen. Hier findet sich ein Mix aller Bauepochen: vom Klassizismus über Wilhelminismus, Zwischenkriegs- und Nachkriegszeit. Eine Neuordnung und partielle Nachverdichtung dieses Raums in Verbindung mit dem Dorfanger und dem Mariendorfer Marktplatz könnte zu einer deutlichen Aufwertung dieses stadtnahen und durch die U-Bahn sehr gut erschlossenen Abschnitts führen.

Der Mariendorfer Damm ist trotz seines Verkehrsaufkommens eine von Gewerbe durchsetzte Wohnstraße. Dies zeigt sich gerade im Übergang zu der kleinteiligen Bebauungsstruktur, die sich ab den Fünfzigerjahren sukzessive im ehemaligen West-Berlin von Mariendorf bis zur Stadtgrenze entwickelte. Auf Höhe der Friedenstraße beginnt das suburbane, gesichtslose Aneinanderreihen unterschiedlicher Wohnvorstellungen. Wegen des absehbaren Generationswechsels bedürfen dort die Infrastrukturen und die wohnungsnahe Versorgung einer zukunftsfähigen Anpassung. Somit sind es gerade die kleinen Stadtteilzentren, die wieder eine Funktion gewinnen können und im Sinne der »Stadt der kurzen Wege« ausgestattet und modernisiert werden sollten.

Dabei könnten gerade die Kreuzungspunkte des großzügigen und alleegeprägten Damms mit den wichtigen Querstraßen eine zentrale und verbindende Rolle spielen und ein Potenzial für Nachverdichtung bieten. Die westlich angrenzende Trabrennbahn hatte ihre große Zeit mit Modenschauen und Filmevents in den Fünfziger- und Sechzigerjahren. Samt Umfeld braucht sie ein neues, zeitgemäßes Konzept, um wieder zu einem gesellschaftlichen Ort von Sport, Freizeit und Entertainment mit stadtregionaler Bedeutung zu werden.

Der Abschluss der Radialstraße auf Berliner Stadtgebiet hält in Lichtenrade eine außergewöhnliche Kombination von Siedlungselementen mit besonderen Qualitäten bereit: Dieses sind der umfahrene alte und gut erhaltene Dorfanger, die John-Locke-Siedlung aus den frühen Siebzigerjahren und die städtische Bahnhofstraße mit Zentrumsfunktion und S-Bahn-Haltepunkt. Hier gibt es vielfältige Möglichkeiten zur Nachverdichtung und Funktionsergänzung, so dass Lichtenrade seine

Am neu gestalteten Tempelhofer Hafen erinnern industrielle Relikte (oben) an die Geschichte des Ortes. Der neue Stadtplatz (linke Seite) am Tempelhofer Damm lädt zum Verweilen ein und vermittelt zum tiefer liegenden Hafenbecken (2013).

Fotos: Aljoscha Hofmann

Straßenquerschnitt in Höhe des Tempelhofer Hafens (2009)

Foto: Aljoscha Hofmann

Rolle als »Vorort« erheblich stärken und ausbauen könnte. Seit 2012 tagt eine Standortkonferenz zur Entwicklung eines Leitbilds für das Stadtteilzentrum Lichtenrade. Insbesondere für die Bahnhofstraße sollen Handlungsfelder für private und öffentliche Investitionen und deren planungsrechtliche Umsetzung abgeleitet werden.

Freie Fahrt jenseits der Stadtgrenze

Der folgende Kirchhainer Damm wird ab der Stadtgrenze in eine Autobahn mit niveaufreien Kreuzungen, betonierten Lärmschutzwänden und schweren Leitplanken überführt. Diese übernimmt die Zubringerfunktion zum neuen Flughafen und zum Autobahnring. Erst weiter südlich kehrt die alte Landstraße zurück und vermittelt weiter nach Zossen, Wünsdorf und Baruth. Hier zeigt sich das zweifelhafte Ingenieurwesen, das sich aus Autogläubigkeit, technischen Standards und öffentlichen Fördertöpfen speist. Der Aufprall des schnellen Autobahnverkehrs auf die Berliner Stadtstraße hat auch am Berliner Abschnitt des Kirchhainer Damms zu ersten exzessiven Lärmschutzmaßnahmen mit bis zu sechs Meter hohen Lärmschutzwänden geführt. Eine besser aufeinander abgestimmte und zukunftsweisende Mobilitätsstrategie zwischen Berlin und Brandenburg wäre hier dringend geboten.

Im Rahmen einer Standortkonferenz wird seit 2012 ein neues Leitbild zur Entwicklung des Stadtteilzentrums Lichtenrade konzipiert (Stand März 2013).

Quelle: Bezirksamt Tempelhof-Schöneberg, Planergemeinschaft Kohlbrenner eG

- Punktuelle Verbesserung und Ergänzung der bestehenden Raumkante
- Potenzielle zu ergänzende Raumkante
- Fläche für ergänzende Bebauung
- Fläche für ergänzende Bebauung nach Entscheidung zum Ausbau der Dresdner Bahn
- Privateigentum im Gehwegbereich, teilweise öffentlich genutzt
- Gewünschte Verbindung / Anbindung
- Straße
- Fläche für Stellplätze / Längsparken, Parkraumbewirtschaftung
- Angebotsstreifen für Fahrrad
- Aufwertung der Gehwege und ergänzende Baumpflanzung
- Platzfläche
- Potenzielle Begegnungszone
- Gestalterische Einbindung des Lichtenrader Grabens
- Markante Hervorhebung des östlichen Eingangs

Der Neubau der Zentral- und Landesbibliothek am S-Bahnhof Tempelhof könnte zu einer städtebaulichen Fassung der nur einseitig bebauten Straße beitragen (2013).
Foto: Mila Hacke

Bundesallee

Christian von Oppen

Historisch betrachtet ist die Bundesallee keine echte Radialstraße.[21] Allein ihre Sonderrolle durch die Verschiebung der Zentrumsfunktionen für West-Berlin an den »Zoo« erlaubt diese Zuordnung. Während der Teilung Berlins fungierte die »Allee« als Bindeglied zwischen der City West und der langen Radialstraße der Bundesstraße 1, die von Berlin-Mitte nach Potsdam führt. Von den Ursprüngen der Bundesallee, einer großartigen Prachtstraße mit vierfacher Alleebaumreihung, die durch drei Schmuckplätze gegliedert wurde[22], ist nach dem umfassenden autogerechten Umbau der Nachkriegszeit nur ein 45 Meter breites Verkehrsband geblieben, das den Zentrumsbereich der City West mit der zweitgrößten Einkaufsstraße Berlins, der Schloßstraße, verbindet.[23]

Die Bundesallee, die bis 1950 Kaiserallee hieß, war das nord-südausgerichtete Rückgrat einer 1865 von Johann Anton Wilhelm von Carstenn (1822–1896) geplanten Villenkolonie. Angelehnt an französische Parkanlagen des 18. Jahrhunderts, bildete die Kaiserallee die Spiegelachse der streng geometrischen Figur der Kolonie. Der

Die Bundesallee ist keine wirkliche Radialstraße, sie verbindet den Zentrumsbereich der City West mit der zweitgrößten Einkaufsstraße Berlins, der Schloßstraße (2013).
Foto: Philipp Meuser

21 Die Darstellungen zur Bundesallee entstanden im Rahmen des Entwurfsprojekts *Berlin > < Los Angeles | Reurbanisierung der Moderne*, das die Professur Entwerfen und Städtebau 1 (Prof. Wolfgang Christ) der Bauhaus-Universität Weimar in Zusammenarbeit mit der Initiative Bundesplatz im Wintersemester 2010/2011 durchführte. Am Entwurfsprojekt waren die Studierenden Xi Chen, Isabelle Chua, Luis Diaz, Maja Gawaz, Sabrina Höck, Graeme Keith, Jakob Kress, Milda Lazauskaite, Ziiqi Li, Julian Lill, Sara Morante, Henning Nelles, Cris Pia Rosenthal, Juliane Roß, Anita Stephan und Sandra Uhlig beteiligt.
22 Metzger, Karl-Heinz (1987): Von der Wilhelmsaue zur Carstennschen Stadtanlage. Aus der Geschichte Wilmersdorfs, in: Bezirksamt Wilmersdorf von Berlin (Hg.): Von der Wilhelmsaue zur Carstenn-Figur. 120 Jahre Stadtentwicklung in Wilmersdorf, Berlin, S. 24.
23 Dobberke, Cay (2013): Steglitzer Ansichtssache, in: Der Tagesspiegel, 01.03.2013.

Im Zuge des autogerechten Stadtumbaus wurde die Bundesallee enorm aufgeweitet (2013).
Foto: Mila Hacke

Gründer-Crash 1873 setzte den Plänen Carstenns ein Ende. Die Ausdehnung der Berliner Bauordnung auf die umliegenden Gemeinden 1887 führte binnen weniger Jahre zu einer Überbauung des Wilmersdorfer Teils der geplanten Villenkolonie mit großbürgerlichen fünfgeschossigen Miethäusern, die noch heute Teile der Bundesallee prägen.[24]

Zehn Jahre nach dem Ende des Zweiten Weltkriegs fiel der Entschluss, die Bundesallee zur Schnellstraße auszubauen. Berlin trennte 1955 noch keine Mauer, aber die politische Teilung war bereits vollzogen. Vor diesem Hintergrund fiel dem Geschäftsviertel im Bereich des Bahnhofs Zoologischer Garten die Funktion des Zentrumsersatzes für West-Berlin zu[25], womit dessen verkehrstechnische Anbindung an die südlichen Wohnviertel Wilmersdorf, Friedenau und Steglitz eine

24 Oppen, Christian von (2011): Entwurfsprojekt WS 2010/11 Berlin > < Los Angeles. Reurbanisierung der Moderne, in: Bauhaus-Universität Weimar. Professur Entwerfen und Städtebau 1: Berlin > < Los Angeles. Reurbanisierung der Moderne, Weimar, S. 8f.
25 Nagel, Thomas (1987): Die Bundesallee. Fragmente einer Stadtlandschaft. Zur Entwicklung der Straße nach 1945, in: Bezirksamt Wilmersdorf von Berlin (Hg.): Von der Wilhelmsaue zur Carstenn-Figur. 120 Jahre Stadtentwicklung in Wilmersdorf, Berlin, S. 91.

herausgehobene Bedeutung erhielt. Die Vorgärten entlang der Allee sowie die Trasse der Straßenbahn mussten zur Umsetzung des Leitbilds der autogerechten Stadt entfallen. Neue Straßentunnel und ein zugunsten des Verkehrsflusses veränderter Verlauf der Fahrbahnen verstümmelten die Schmuckplätze.[26] Die Bundesallee ist ein Paradebeispiel für den Verlust der Wertschätzung der Vorzüge eines durchmischten Verkehrsraums im Zuge des autogerechten Umbaus Berlins. Vor ihrer Überformung wies sie alle Qualitäten einer *Trame verte* auf: ein linearer Grünraum mit Aufenthaltsqualität, der Parks und Plätze verbindet und so ein Netz aus verschiedenen ausdifferenzierten Grünräumen schafft.[27]

Trotz der inzwischen zunehmenden Rückbesinnung auf die Qualitäten des Stadtraums der Kaiserzeit und der wachsenden Nachfrage nach Wohnraum in solchen Quartieren, deren Bedarf kaum noch befriedigt werden kann,[28] scheint die Entwertung des Stadtraums entlang der Radialstraßen durch den motorisierten Individualverkehr nicht infrage gestellt zu werden. Durch den autogerechten Ausbau der Bundesallee, vor allem aufgrund der Tunnelanlagen im Bereich der Berliner Straße und des Bundesplatzes, ging das lineare Zentrum für die umliegenden Wohnquartiere verloren. Noch heute ist die Bundesallee eine Schnellstraße, die auf einer Länge von 3,7 Kilometern einen ansonsten durchmischten Stadtraum mit hoher Lebensqualität zerschneidet.

Straßenverlauf

Zwischen dem Hardenbergplatz vor dem Bahnhof Zoologischer Garten und der Schaperstraße heißt die Bundesallee zunächst Joachimstaler Straße. Die Verengung in diesem Abschnitt verstärkt den Eindruck des sich weitenden Straßenraums beim Eintritt in die Bundesallee. Zwei zurückgesetzte wilhelminische Großbauten geben dem Auftakt der Allee einen offenen Charakter, der ein wenig weiter südlich durch die Eingriffe im Zuge der Verkehrsplanung nach dem Zweiten Weltkrieg noch verstärkt wird. Sechs Straßen treffen in diesem Abschnitt,

---

26 Sterzenbach, Harald (2011): Vom Kaiserplatz zum Bundesplatz, S. 1, URL: http://www.initiative-bundesplatz.de/wp-content/uploads/2011/09/Vom-Kaiserplatz-zur-Bundesplatz.pdf (09.03.2013).
27 Cormier, Laure / Toublanc, Monique / Baudry, Jacques (2010): Is the French view of greenways avant-garde or déjà-vu?, S. 3, URL: http://www.parcs-naturels-regionaux.tm.fr/upload/doc_telechargement/grandes/051_Laure_Cormier_FPW1_REVISIONS_2%282%29.pdf (09.03.2013).
28 Loy, Thomas (2013): Berliner Mieten steigen noch schneller, in: Der Tagesspiegel, 30.01.2013.

Einige Bereiche der Bundesallee wurden durch Autotunnel kreuzungsfrei umgestaltet (2013).
Foto: Mila Hacke

der sogenannten Spinne, auf die Bundesallee. Aufgrund der starken Zerstörungen und der herausgehobenen Bedeutung der Bundesallee für West-Berlin sah der Bebauungsplan von 1957 eine dem Zeitgeschmack entsprechende aufgelockerte Bebauung aus Wohn- und Geschäftshäusern vor. Hier sollte zunächst die Philharmonie von Hans Scharoun stehen, die später an der Potsdamer Straße errichtet wurde.[29] Von der Idee der »Stadtlandschaft«, die den Planungen zugrunde lag, ist in dem Stadtraum allerdings wenig zu spüren. Vom Entwurf ist eine überdimensionierte Kreuzung mit Abstandsgrün übriggeblieben. Eine der Nachkriegsmoderne zugesprochene Eleganz findet sich im Bereich der Spinne nicht.

Der anschließende Abschnitt der Bundesallee, ein einst stark von Bombenschäden geprägter Bereich, offenbart die ganze Hilflosigkeit der unentschiedenen baulichen Umsetzung der Planung von 1957. Die Fassadenflucht springt willkürlich zwischen der alten und der nach dem Krieg aufgeweiteten Baulinie vor und zurück. Immer wieder reißt der Rhythmus der einen oder der anderen Bebauungsphase ab, ohne

29 Nagel, Thomas (1987): a. a. O., S. 93.

dass ein Instrument für einen vermittelnden Übergang gefunden wurde. Die sechs Fahrspuren einschließlich der zwei Standstreifen sowie der erste Autotunnel unter der Berliner und der Badenschen Straße hindurch dominieren die Atmosphäre des Stadtraums.

In dem Bereich, in dem die Bundesallee den Volkspark Wilmersdorf kreuzt, verschwenkt die Straße für einen kurzen Moment nach Westen und trifft so diagonal auf den nord-süd-ausgerichteten Bundesplatz. Dieser Platz bildete das Herzstück der städtebaulichen Figur der Carstenn'schen Planung. Die rahmende Bebauung stammt zu großen Teilen aus der Kaiserzeit und lässt die einstige Pracht des im Zuge des autogerechten Umbaus zerstörten Schmuckplatzes noch erahnen. In den Sechzigerjahren des 20. Jahrhunderts musste der Quartiersmittelpunkt einer vierspurigen Tunneleinfahrt weichen. Der Versuch der räumlichen Entflechtung des Verkehrsknotenpunkts am Bundesplatz, an dem Ringbahn und Stadtautobahn die Bundesallee überqueren, hat das Viertel unüberwindbar in zwei ungleiche Hälften zerschnitten. Seit 2010 engagieren sich Anwohner in der Initiative Bundesplatz für den Rückbau der Fahrspuren der Bundesallee, um über die Wiederherstellung der ursprünglichen Allee ein Gesamtkonzept für den

Die beiden Seiten des Volksparks Wilmersdorf sind durch eine Fußgängerbrücke miteinander verbunden. Leitplanken auf dem Mittelstreifen verleihen der Straße einen autobahnähnlichen Charakter (2013).
Foto: Mila Hacke

Mit Unterstützung der Bauhaus-Universität Weimar entwickelte die Initiative Bundesplatz e. V. Ideen zur Umgestaltung des Bundesplatzes (2011).
Quelle: Initiative Bundesplatz e. V.

Die Mauer am Platz wurde im August 2012 von der Initiative abgebrochen.
Foto: Frank Guschmann

linearen Stadtraum mit seinen Platzanlagen und dem Volkspark zu entwickeln.[30] Der langsam aber stets zunehmende Leerstand und die deutlichen Spuren der Verwahrlosung entlang der Bundesallee, die im starken Widerspruch zum Zustand der umliegenden Wohnquartiere stehen, waren der Auslöser des bürgerlichen Engagements.

Außerhalb des S-Bahn-Rings ändert sich der Charakter der Bundesallee ein weiteres Mal. Die weitgehend erhaltene Vorkriegsbebauung ist ein Geschoss niedriger, wodurch die Allee breiter erscheint. Die Fassaden sind dem Landhausstil entlehnt und in Teilen aufwendig gestaltet. Die umliegenden Wohnquartiere haben ihren gehobenen bürgerlichen Charakter bewahrt. Obwohl die Bundesallee auch in diesem Teilstück achtspurig ausgebaut wurde, scheint die Störung dieses Quartiersbereichs geringer zu sein.

Im Umfeld des anschließenden Friedrich-Wilhelm-Platzes haben sich Teile der ursprünglichen Bebauung der Carstenn'schen Villenkolonie erhalten. Der Platz selbst hat ebenfalls weniger als der Bundesplatz unter dem autogerechten Umbau der Bundesallee gelitten. Zwar wurden große Teile der Grünanlage den Fahrspuren geopfert, aber der den Platz prägende neugotische Kirchenbau hat den Krieg und den autogerechten Umbau überstanden. Am Friedrich-Wilhelm-Platz trennt sich die Schnellstraßenführung von der Bundesallee. Damit die Trassenführung der Schnellstraße in einem sanften Bogen in die Schmiljanstraße verschwenkt werden konnte, musste die Eckbebauung zwischen Platz und Straße abgebrochen werden. Fast im Verborgenen führt die Bundesallee nur noch vierspurig ausgebaut und mit grünen, baumbestandenen Mittelstreifen hinter dem Platz und der Kirche weiter auf den Walther-Schreiber-Platz an ihrem südlichen Ende. Hier nimmt die Schloßstraße, Berlins zweitgrößte Einkaufsstraße, ihren Anfang.

Vorschläge für eine lebenswerte Bundesallee

Ein halbes Jahrhundert nach dem autogerechten Umbau der Bundesallee sind die Qualitäten, die der Boulevard mit vierfacher Baumreihung bot, vergessen. So verständlich die Vorschläge der Initiative Bundesplatz, den durchmischten Verkehrsraums mit Aufenthaltsqualität wiederherzustellen, erscheinen, so schwer sind sie umzusetzen. »Es liegt an den Bürgern, durch die Wiedergewinnung von Stadtqualität in ihrem Quartier Fehlentwicklungen der Vergangenheit zu korrigieren

---

30 Initiative Bundesplatz (2010): Ziele des Initiative Bundesplatz e. V., URL: http://www.initiative-bundesplatz.de/wp-content/uploads/2010/10/Vereinscharta.pdf (10.03.2013).

  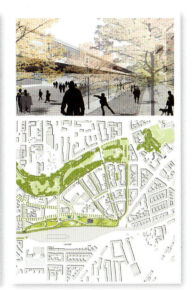

und Anstöße für eine Zukunft zu geben, in der urbane Neuorientierung und Respekt vor den historischen Strukturen zusammenfinden.«[31]
Im Wintersemester 2010/2011 lud die Initiative Bundesplatz Studenten der Bauhaus-Universität Weimar dazu ein, Ideen zur Wiederherstellung der ehemaligen Quartiersmitte des Bundesplatzes zu entwickeln. Ein wichtiges Element der studentischen Projekte war die Bedeutung der Grünräume für den Stadtraum sowie ihre Vernetzung. Die vorgeschlagene Wiederherstellung der Bundesallee zum Boulevard sowie der Rückbau der kreuzenden Autobahn 100 zu einem linearen Park könnten in Verbindung mit dem Volkspark Wilmersdorf den ganzen Berliner Südwesten erheblich bereichern. Die Vision eines Rückbaus der gesamten A 100, die im Widerspruch zu den aktuellen Planungen des Senats steht, hätte das Potenzial für eine Stadtentwicklung von ähnlicher Bedeutung wie das Tempelhofer Feld: eine Stadtbrache, die durch ein geändertes Verkehrskonzept zurückgewonnen werden könnte.

Links: Die Studie von Milda Lazauskaite von 2011 zu linearen Grünräumen und Grünanlagen verdeutlicht das Potenzial der Bundesallee zur Vernetzung der Grünräume. Damit greift die Studie auf das Gestaltungsprinzip des parkartigen weiträumigen Straßenraums zurück, für das die Carstenn'schen Gründungen kritisiert wurden.
Quelle: Milda Lazauskaite

Mitte und rechts: Mit der Wiederherstellung des Boulevards Bundesallee und dem Rückbau der Stadtautobahn, 2011 von Sabrina Höck vorgeschlagen, ließe sich eine Stadtentwicklung von der Bedeutung der Konversion des Tempelhofer Felds initiieren.
Quelle: Sabrina Höck

31 Ebenda.

In den Sechzigerjahren wurde die Stadtautobahn durch größtenteils erhaltene Wohnviertel aus der Kaiserzeit getrieben (2013).
Foto: Mila Hacke

Hauptstraßen anderswo

Los Angeles   New York   London   Paris   Wien

Paris: Sanfter Städtebau für die Hauptverkehrsadern

Denis Bocquet

In Paris gehen die wichtigsten Hauptverkehrsadern auf das Netz der einst königlichen und späteren Nationalstraßen (RN = *routes nationales*) zurück, die schon in der Zeit des französischen Absolutismus gebaut wurden. Durch ihren sukzessiven Um- und Ausbau haben sie wesentlich das Wachstum des Großraums Paris geprägt.[32] Die starke Zentralisierung des Straßennetzes wird seit den Zwanzigerjahren des 20. Jahrhunderts durch den Null-Kilometerstein auf dem Vorplatz der Kathedrale Notre-Dame symbolisiert.

In der Ära Haussmann, die noch weit über das Ende des Zweiten Kaiserreichs (1870) hinaus währte, wurden die aus der Stadt herausführenden Radialstraßen bis hin zu den alten Befestigungen städtebaulich in der Form der typischen Pariser Boulevards gebaut. Dieser Typ von Straße entstand, indem Schneisen durch die überkommene Stadt geschlagen wurden. Außerhalb der Stadt wurden die Straßen geradlinig verlängert und durchquerten die Vorstädte, die *Faubourgs*. Im 20. Jahrhundert ermöglichten diese Boulevards nicht nur die Erschließung der Stadt durch das Automobil,[33] sondern garantierten auch den urbanen Charakter der großen, den Stadtraum durchquerenden Achsen. Denn sie boten breite, von zahlreichen Bäumen gesäumte Gehwege sowie Kreuzungen, die zugleich als Stadtplätze angelegt waren.

Großzügige Boulevards prägen das Stadtbild von Paris.

Foto: Paha_L (CanStockPhoto)

---

32 Lepetit, Bernard (1986): L'impensable réseau: les routes françaises avant les chemins de fer, Cahiers du groupe réseaux n°5, vol. 2, S. 11–29.
33 Flonneau, Mathieu (2003): L'automobile à la conquête de Paris, Paris, Presses de l'École nationale des Ponts et Chaussées.

Niedergang der Radialstraßen im Großraum Paris

Außerhalb der Befestigungsanlagen, die der 1973 eingeweihten Stadtautobahn *Boulevard périphérique* weichen mussten, wurde mit den Radialstraßen städtebaulich anders als in der Innenstadt umgegangen. Die äußeren Radialstraßen dienten der Erschließung der Vororte und wurden zu Autoschnellstraßen umgebaut, um den Verkehrsfluss zu erleichtern. Das Ergebnis war ein Verlust an Urbanität dort, wo sich bereits ein städtischer Charakter entwickelt hatte, und eine zunehmende Sterilität an den übrigen Orten. In vielen Streckenabschnitten im Großraum Paris bestehen die Nationalstraßen aus jeweils zwei zweispurigen Fahrbahnen und haben Autobahncharakter. Obwohl zur Entlastung dieser Hauptverkehrsadern ein Netz von Autobahnen gebaut wurde, stiegen deren Verkehrsnutzung und die damit einhergehenden Belastungen stetig an: Umweltverschmutzung, Lärm, erhöhtes Unfallaufkommen, Beeinträchtigung der Wohn- und Aufenthaltsqualität. Das Bestreben, diesem Dilemma zu entfliehen, das die Radialstraßen zu reinen Verkehrskorridoren degradiert hat, war bereits relativ früh im städtebaulichen Diskurs Frankreichs verankert: Schon in den Achtzigerjahren gab es zahlreiche Initiativen, die darauf zielten, das städtische Gefüge rund um die Nationalstraßen in den Pariser Vororten zu »flicken«.[34] So hat man versucht, diese Streckenabschnitte durch Umleitung des Verkehrs weg von den Stadtzentren abzuriegeln und ihnen so ein angenehmeres Erscheinungsbild zu verleihen. Doch im städtischen Gefüge, das eine Umleitung ohne größere Investitionen nicht zulässt, war diese Lösung nur begrenzt wirksam. In einem hoch verdichteten Großraum verlagert der Bau einer Umleitung zudem das Problem meist lediglich von einem Ort zu einem anderen. Die Verkehrs- und Transitfunktion der Radialstraßen zu verändern ist eine große Herausforderung, da sich jede lokale Veränderung auf das gesamte System auswirkt.

Darüber hinaus wurden in Frankreich die Bemühungen, das Erscheinungsbild der Stadteingänge zu verbessern, seit den Neunzigerjahren durch die Zunahme der Gewerbegebiete erschwert.[35] Die Pariser Vororte sind davon keineswegs verschont geblieben: An vielen Orten sind die Radialstraßen in regelrechte Massenkonsummeilen umgestaltet worden, und dies – nach städtebaulichen Gesichtspunkten – in der

---

34 Dubois-Taine, Geneviève (1990): Les boulevards urbains. Contribution à une politique de la ville, Paris, Presses de l'École nationale des Ponts et Chaussées.

35 Gibout, Christophe (1997): Les entrées de ville: une affaire de commerce ou d'hospitalité, in: Ministère de l'Ecologie, du Développement et de l'Aménagement Durables. Ministère du Logement et de la Ville (Hg.): Les Annales de la Recherche Urbaine, 78, S. 109–113.

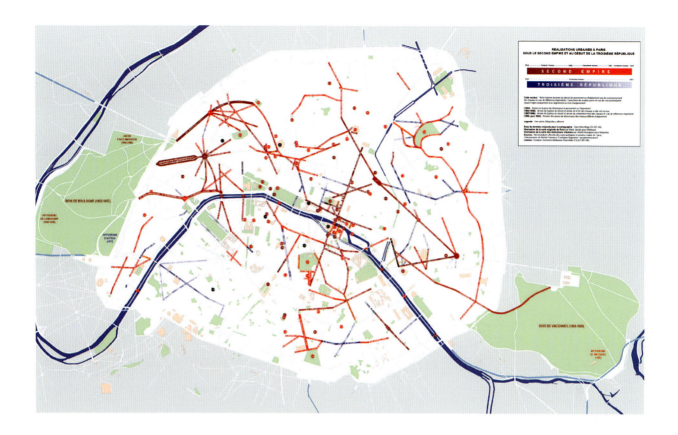

ungastlichsten Form. Von Kreisverkehr zu Kreisverkehr schossen einfache und beliebig modulierbare Shoppingcenter mit überall gleichen Ladenketten aus dem Boden, die nur mit dem Auto erreicht werden können. Der wirtschaftliche Erfolg und die Beliebtheit dieser Geschäfte haben nicht nur alle Bemühungen der vorangegangenen Jahre zur Verbesserung der Radialstraßen zunichte gemacht, sondern auch andere Zentren ihres städtischen Charakters beraubt.

Die Radialstraßen stellen somit seit den vergangenen zwei Jahrzehnten für den Großraum Paris in zweifacher Hinsicht eine Herausforderung dar: Sie zählen nicht nur zu den Gebieten, die am meisten unter der Funktionstrennung gelitten haben, sondern stehen – vielleicht aufgrund der Sogwirkung, die von ihnen ausgeht – auch im Mittelpunkt eines städtischen Lebens, das ihre Kapazitäten übersteigt. Als Antwort auf diese Urbanitätsbedürfnisse sind in Frankreich verschiedene, mehr oder minder erfolgreiche Praktiken entstanden, die gezielt versuchen, das Verkehrsaufkommen zu mindern, die Verkehrsströme zu

Anlage neuer Straßen in Paris während des Zweiten Kaiserreichs (1852–1870) und zu Beginn der Dritten Republik (1871–1940).
Quelle: Dimitri Destugues (CC BY-SA 3.0), 2011

verlangsamen, die öffentlichen Räume zu vergrößern und attraktiver zu gestalten sowie entlang dieser Schneisen wieder Stadtviertel zu gestalten. Zudem ging es darum, gegen die neuen Formen des autoorientierten großflächigen Einzelhandels vorzugehen.

Erste Ansätze zur Reurbanisierung der Radialstraßen

Nach dem ersten Erwachen des Umweltbewusstseins Mitte der Neunzigerjahre,[36] das im Februar 1995 zur Ergänzung eines Gesetzesartikels (Art. 52) zur Regulierung der Planung der Stadteingänge führte, hat die Umweltdirektion der Region Île-de-France seit dem Jahr 2000 das *Institut d'Aménagement et d'Urbanisme* der Region Île-de-France mit Untersuchungen zu diesem Thema beauftragt. Das Institut formulierte daraufhin einige Empfehlungen.[37] Bei zwei der drei ausgewählten Fallstudien, die zur Veranschaulichung der Typen und der Methoden ausgewählt wurden, handelte es sich um Nationalstraßen – die RN 10 in der Nähe von Trappes und die RN 20 auf Höhe von Longjumeau.[38] Diese Überlegungen klärten die unterschiedlichen Typen des Verkehrs und die zu urbanisierenden Straßenabschnitte, an denen alternative Zentren und landschaftsarchitektonisch gestaltete

---

36 Dupont, Ambroise (1994): Les entrées de ville, ou redonner le goût de l'urbanisme, Paris, Sénat.
37 Tricaud, Pierre-Marie (2001) (Hg.): Réhabilitation des entrées de ville. Contribution méthodologique à une réhabilitation des points noirs du paysage périurbain, Paris, IAURIF.
38 Die dritte Fallstudie bezog sich auf den Stadtabschnitt einer Autobahn.

Eine Ausfallstraße im Vorort Évry-Grigny vor (linke Seite) und nach (oben) der vorgeschlagenen Nachverdichtung. Die erneuerte, gestalterisch vielfältige Straße wird durch eine Straßenbahn ergänzt.
Quelle: Groupe Descartes, 2008

Räume geschaffen werden sollten, um den urbanen Charakter der Durchgangsgebiete wiederherzustellen. Sie führten zu einer regelrechten Rückeroberung des öffentlichen Raums im Kampf gegen dessen Überflutung durch Werbung und Vereinnahmung durch Verkehr oder Gewerbegebiete. Entscheidend war hierfür, den Straßenverlauf als Teil des Kulturerbes wahrzunehmen.

Ausgehend von diesem Modell setzten viele Kommunen im Großraum Paris, die von einer Radialstraße durchquert werden, zu Beginn des 21. Jahrhunderts gemeinsam mit den Planungsinstitutionen der Region und des Staates mehr oder weniger erfolgreich eine Politik der Reurbanisierung der Durchgangsachsen um. In den meisten Départements des Umlands sind zudem Vereine zum Schutz des Stadtcharakters der betroffenen Gebiete entstanden, die bei den Behörden Lobbyarbeit leisten, um Raumgestaltungen und städtebauliche Entscheidungen zugunsten lokaler Interessen durchzusetzen. Im Département Essonne beispielsweise gibt es mehrere dieser Vereine, deren Aktivitäten das neu erwachte Bewusstsein der Zivilgesellschaft für dieses Thema verdeutlichen.

Die Radialstraßen und Grand Paris

Es wäre also zu erwarten gewesen, dass die Radialstraßen (gemeinsam mit weiteren dringenden Themen zur Verbesserung der Lebensbedingungen in der Stadt und den Vororten) in dem Moment zur Sprache gebracht wurden, als sich Paris und seine Region 2007 mit der

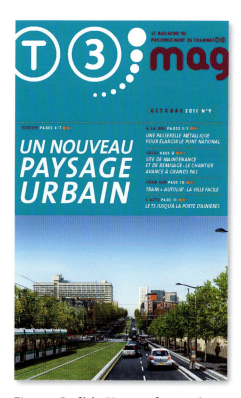

Ein neues Profil der Hauptstraße mit mehr Platz für Straßenbahn, Fahrräder und Fußgänger führt zu einer »neuen urbanen Landschaft«. Titelbild der Zeitschrift *T3*, Ausgabe Oktober 2011.

Quelle: Le magazine du prolongement du tramway T3, n°9, Octobre 2011

Initiative *Grand Paris* anschickten, in eine neue Reflexionsphase zur Zukunft des Ballungsraums einzutreten. Doch in diesem neuen Kontext wurde das Problem der Radialstraßen paradoxerweise nur untergeordnet behandelt. Denn im Zuge des Wettbewerbs *Grand Paris*, dessen Grundgedanke auf eine Neugestaltung des Raums zielte, den man seit einem Jahrhundert den radialen Schienenwegen zugewiesen hatte, beschäftigten sich die meisten Überlegungen mit den öffentlichen Nahverkehrsverbindungen von Vorort zu Vorort. Die geplanten Maßnahmen liegen somit in einer ringförmigen Struktur um die Innenstadt herum. Auch wenn dadurch positive Auswirkungen für die Verkehrsadern zu erwarten sind, so ergeben sich diese weder direkt noch automatisch. Einige Architekten, die am internationalen Ideenwettbewerb zur Zukunft des Großraums Paris teilnahmen, schnitten dieses Thema jedoch an und schlugen vor, bei der Reurbanisierung der Radialstraßen eine neue Phase einzuläuten und die Aufteilung der Verkehrsströme zugunsten der Fußgänger, Fahrradfahrer und der Teilnehmer des öffentlichen Verkehrs zu überdenken.

Das vorherrschende Paradigma war die Rückgewinnung des Straßenraums durch »sanften« Verkehr. Das galt auch für die Pläne, die von den Teams um Jean Nouvel oder Yves Lion eingereicht wurden. So entstand ein neues mögliches Image der Radialstraßen, das die Überlegungen des vergangenen Jahrzehnts mit den in Frankreich gemachten Erfahrungen beim Einsatz von Straßenbahnen insbesondere in den großen Provinzstädten verbindet. Alle diese Ideen hatten jedoch Probleme, sich in den folgenden Phasen des Ideenwettbewerbs zu behaupten: Dort standen die ringförmig verlaufenden öffentlichen Verkehrsmittel sowie lokale Projekte auf der Ebene der Stadtviertel im Vordergrund. Die innovativsten Ideen befassten sich also nicht unbedingt mit den Radialstraßen.

Die Straßenbahn als Instrument zur Reurbanisierung von Hauptstraßen

Das spektakulärste Beispiel einer Reurbanisierung von Straßen in Paris durch den Bau einer Straßenbahn hat daher ebenfalls die Form eines Rings: Auf einem Abschnitt des Boulevards des Maréchaux wurden Straßenbahnlinien gebaut, die demnächst einen vollständigen Ring bilden werden. Dabei folgte man einer seit den Achtzigerjahren von vielen anderen französischen Städten wie Grenoble, Bordeaux oder Nantes praktizierten Vorgehensweise: Die Straßenbahn wird nicht nur als Verkehrsmittel genutzt, sondern dient dank ihrer raumerschließenden Wirkung auch der Rückeroberung des durch das Auto besetzten urbanen Raums. So haben die Straßenbahnlinien nicht nur das Erscheinungsbild der Boulevards, sondern auch die Lebensqualität in den angrenzenden Vierteln verändert und zugleich das Angebot und die Effizienz des öffentlichen Verkehrs verbessert.

Ohne starken politischen Willen und ohne ein entschiedenes Vorgehen gegen die Vorherrschaft des Automobils lässt sich dieses Modell jedoch nur schwer auf die Radialstraßen übertragen. Bei den großen Verkehrsadern, den Nationalstraßen, werden zurzeit nur kosmetische Eingriffe vorgenommen. Das bedeutet jedoch nicht, dass die Veränderungen, auch wenn sie nicht am gesamten System durchgeführt werden, nicht von Bedeutung für die Stadtlandschaft, die Vorgehensweise und die Wahrnehmung auf lokaler Ebene wären. Denn sie zeigen, wie die Radialstraßen mithilfe der Straßenbahn ihren Stadtcharakter zurückgewinnen können. Die zurzeit im Bau befindliche, elf Kilometer lange Straßenbahnlinie auf der RN 7 zwischen Villejuif und Athis-Mons soll dazu beitragen, dass sich im Département Val-de-Marne die Lebens- und Verkehrsbedingungen in den Stadtrandgebieten verbessern. Sie ist Teil eines größeren Plans, der sowohl auf eine neue Mobilität in der Stadtregion als auch auf mehr Urbanität vor Ort zielt. Keineswegs sind die Schienen nur ein weiterer Verkehrskorridor (immerhin positiver als das Auto), sondern sie sind vor allem ein wichtiges Instrument der Stadtentwicklung. Die Straßenbahnlinie dient als Motor für einen weiter gefassten Ansatz, bei dem weniger aggressive Verkehrsströme, Begrünung und Wiederbelebung des Stadtlebens auf lokaler Ebene im Zentrum stehen. Die Straßenbahn bildet keine Verkehrsenklave, sondern wird, wie in anderen französischen Städten, als eine Öffnung zur Stadt hin konzipiert.

Auch wenn ein solcher Eingriff geeignet ist, die Lebensqualität entlang der Radialstraßen zu verbessern, so ist er dennoch zu eng gefasst, um einen tatsächlichen Paradigmenwechsel zu bewirken. Die Lethargie, die bei den vergangenen Entscheidungen in diesem Bereich an den Tag gelegt wurde, ist in der Tat sehr groß, und korrigierend einzugreifen gestaltet sich schwierig. Aber zumindest hat sich nun auf den verschiedenen Ebenen, von den Rathäusern über die Départements bis hin zu den regional agierenden Vereinen, ein Bewusstsein für das Thema der funktionellen und landschaftsarchitektonischen Reurbanisierung der Randgebiete, die jahrzehntelang unter infrastruktur- und verkehrsorientierter Ideologie litten, entwickelt. Frankreich setzt in diesem Bereich auf die Straßenbahn als Lösung, was den Vorteil bietet, die Planung der Verkehrswege des gesamten Ballungsraums mit der Sensibilisierung für die räumlichen Herausforderungen jedes einzelnen durchquerten Streckenabschnitts zu verbinden.

Die Straßenbahn als Motor der Urbanisierung der Hauptstraßen: künftige Gestaltung der Station Contin der neuen Tramlinie T7 in Athis-Mons
Quelle: Mairie d'Athis-Mons,
URL: http://www.mairie-athis-mons.fr

Wien: Herausforderungen einer Einfallstraße

Werner Tschirk / Rudolf Scheuvens

Die Triester Straße ist eine der historischen Stadteinfahrten Wiens. Bereits in der Römerzeit verlief dort, wo sich heute die Triester Straße befindet, eine wichtige Straße vom damaligen Vindobona in den Süden. Im Mittelalter war sie eine Fernhandelsstraße, die über den Semmering und die Steiermark nach Kärnten, Friaul und Venetien führte. Als Stadteinfahrt von Wien war und ist sie ein Weg in die Stadt – die schnellste Möglichkeit, ins Zentrum zu gelangen. Sie verbindet die Stadt mit dem Umland, das Zentrum mit der Peripherie. Sie ist ein Zu- und Abfahrtsweg zur Stadt für etwa 70.000 Kraftfahrzeuge pro Tag – mehr oder minder ein riesiger *drive-through*. Bezogen auf die Verkehrsbelastung nimmt die Straße damit eine Spitzenposition im Süden Wiens ein.

Abseits von dieser vordergründigen Funktion als Verbindungsstraße für den motorisierten Individualverkehr handelt es sich bei der Triester Straße um einen schillernden Raum. Es ist ein Bereich, der nur schwer fassbar ist, in dem klassische Konzepte und planerische Strategien nicht zu greifen scheinen. Die Triester Straße ist ein Raum voller Gegensätze, der als unplanbar gilt und in der Vergangenheit schon oft als »hoffnungsloser Fall« zu den Akten gelegt wurde. Es war daher eine besondere Herausforderung, der sich 30 Studenten der Raumplanung der TU Wien im Rahmen einer Projektarbeit zu stellen hatten. Ziel war es, sich in einem Semester mit den sichtbaren und unsichtbaren Gegebenheiten und Potenzialen der Triester Straße auseinanderzusetzen, den Raum lesen und verstehen zu lernen und schließlich ein räumliches Leitbild zu entwickeln.

»Born to be wild« – die Triester Straße in Wien (2011)
Foto: Daniel Dutkowski

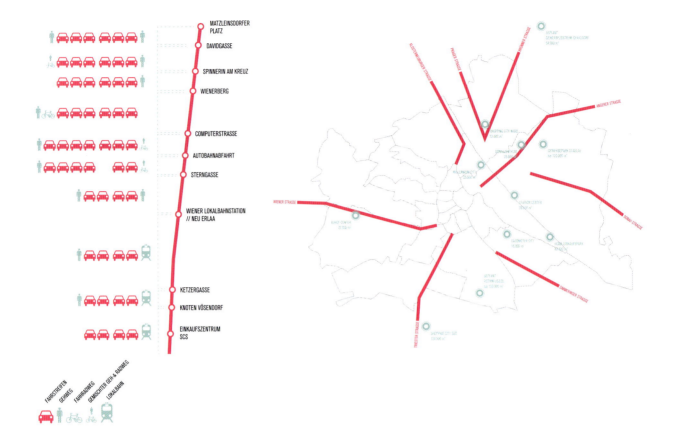

Links: Triester Straße, Aufteilung einer Einfallstraße (2012)

Quelle: Dutkowski, Daniel: Urbane Transitformation – Die Triester Straße im Wandel, Diplomarbeit 2012, TU Wien

Rechts: Wiener Einfallstraßen und bestehende wie geplante Zentren (2012)

Quelle: Dutkowski, Daniel: Urbane Transitformation – Die Triester Straße im Wandel, Diplomarbeit 2012, TU Wien

Von der Prachtstraße zur transitorientierten Barriere

Die Problemlagen für einen Raum wie die Triester Straße zu formulieren bedeutet, ein individuelles Bild zu zeichnen, das mehr über den, der es beschreibt, aussagt, als über den tatsächlichen Raum. Die Menschen, die an der Straße leben, erfahren sie als etwas Trennendes. Der Straßenraum ist ein Bereich, von dem man sich abwendet, der durchquert werden muss. Das Leben findet abseits der Straße statt. Aufenthalts- und Wohnräume sind in das Hinterland gerückt. Die Barrierewirkung der Straße wird dadurch verschärft.
In früheren Zeiten galt die Triester Straße als Prachtstraße, in der Fuhrwerke an den vielen Gasthäusern entlang der Straße anhielten. Heute ist sie für die Menschen, die ihr Haus vor den Toren der Stadt und den Alltag in der Stadt haben, ein notwendiges Übel. Die Zeit auf der Straße wird als »verlorene« Zeit gesehen, die der tägliche Weg zwischen Wohnort und Arbeitsstätte einfordert. Es geht bei dieser Stadteinfahrt anders als bei vielen innerstädtischen Straßenräumen

nicht um den Aufenthalt, sondern um die Durchreise. Städtebaulich und räumlich gesehen ist die Triester Straße zwischen Matzleinsdorfer Platz und der Shopping City Süd von einer Vielfalt gekennzeichnet, die kaum in Worte zu fassen ist. Klassische gründerzeitliche Bauten und Wohnhöfe des »Roten Wiens« reihen sich an Tankstellen und Gewerbebauten jeglicher Größenordnung. Schier endlose Wände mit Werbeplakaten wechseln sich ab mit Parkplätzen, Autohäusern und Großfachmärkten. Unterbrochen wird diese Nicht-Ordnung von den 138 Meter hohen Twin Towers der Wienerberg City und dem daran anschließenden großzügigen Erholungsgebiet Wienerberg.

In den Hinterbereichen und Quartieren zeigt sich ein Bild, wie es für viele »Zwischenstädte« typisch ist: ein scheinbar zufälliges, ungeplantes Nebeneinander von unterschiedlichen, nahezu beliebig anmutenden Siedlungsbereichen. Jeder Baukörper, jedes Haus scheint auf sich konzentriert, ohne einen Bezug zum öffentlichen Raum oder zur Umgebung zu haben. Warum auch? Ebenso heterogen wie die räumliche Gestalt sind die Nutzungsstrukturen, die in erster Linie auf Autokundschaft ausgerichtet sind. Zum Teil finden jene Nutzungen dort statt, die in der Stadt keinen Platz haben. Viele Gebäude sind Zweckbauten als »Systeme« der Warenverteilung. Auch der Mensch selbst wird am »Arbeiterstrich« und in den Laufhäusern und Bordellen als Ware, als Konsumobjekt gehandelt.

Die Triester Straße erscheint als ein Raum, der durchaus Ähnlichkeiten mit vielen anderen Transiträumen aufweist. Es sind Straßen und Räume des Gegensätzlichen, Orte der Konfrontation und dadurch auch Orte der Verbindung. Ihre Bilder sind niemals vollständig, niemals wirklich erfassbar – dafür sind sie zu heterogen, zu komplex. Ihre Probleme haben denselben Auslöser: ihre Funktion als hochrangiges Verbindungsband zwischen zwei Welten, der Stadt und der Peripherie. Viele Stadteinfahrten werden vom motorisierten Individualverkehr dominiert, zugleich ist der öffentliche Verkehr lückenhaft oder gar nicht vorhanden.

Gestaltung urbaner Transformationsprozesse – eine Projektarbeit jenseits klassischer Planungsansätze

In Räumen wie der Triester Straße planerisch tätig zu werden bedeutet, sich unweigerlich mit den eigenen Werten auseinanderzusetzen. Es gilt, den bei Planern oftmals vorhandenen Reflex, vorschnelle Lösungen vorzuschlagen und Antworten zu geben, abzulegen. Viel wichtiger ist es zunächst, wie wir diese Räume betrachten, welchen Zugang wir finden und welche Sichtweisen wir auf die vordergründigen Probleme

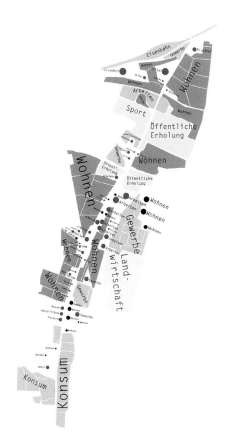

Die Gebiete entlang der Triester Straße haben unterschiedlichste Funktionen. Wohnhäuser finden sich neben Gewerbebetrieben, agrarischen Flächen, Konsumstätten. Genau jenes Ensemble – Thomas Sieverts nennt es Zwischenstadt – macht den Charakter dieses Straßenzugs aus (2012).

Quelle: Projektgruppe »Vor Ort zu Ort«; Joanna Zabielska, Christoph Kirchberger, Patrick Klein, Gerold Ludwig, Leonhard Schilling

Verbindung oder Barriere?
(2012)
Foto: Daniel Dutkowski

entwickeln. Vielleicht geht es gerade in diesen speziellen Räumen gar nicht um große Entwürfe, sondern um »Akupunkturen«, die mehr mit Kommunikation, mit Vernetzung von Akteuren, mit Lernen und Verlernen zu tun haben als mit baulichen Interventionen?

Es liegt in der Natur der Sache, dass besonders komplexe Planungsaufgaben auch besondere Herangehensweisen benötigen und nicht mit gängigen Routinen behandelt und gelöst werden können. Ziel der Projektarbeit war eben nicht die lückenlose und flächendeckende Beherrschung eines urbanen Systems, sondern die Identifizierung und Stimulierung urbaner Situationen, Potenziale und Begabungen – in der Auseinandersetzung mit den vielfältigen Milieus und Lebenswelten ebenso wie bezogen auf die Qualität, den Gebrauch und die vielfältigen Funktionen der öffentlichen Räume; in der Kenntnisnahme der Berichte, Erzählungen und Leseerlebnisse der Menschen, die dort leben und arbeiten; über die Auseinandersetzung mit der Geschichte und der Gegenwart des Raums wie der Projektion von Visionen und Konzepten zu einer künftigen Entwicklung. Die Arbeit an der Triester Straße geriet so zu einer ungewöhnlichen und vielfach überraschenden Entdeckungsreise in die reale, gelebte Welt eines außergewöhnlichen Stadtraums. Der Lernprozess selbst stand damit im ständigen Wechselspiel zwischen Wahrnehmung, Interpretation und Projektion. Die

Triester Straße beim Matzleinsdorfer Platz (2011)
Foto: Daniel Dutkowski

vielfältigen Beiträge geben einen guten Überblick über die vorhandenen Ressourcen, eine Bilanzierung der vorhandenen Werte, Szenen, Talente, Initiativen und Aktivitäten des Raums entlang der Triester Straße. Im Überblick dokumentieren die Arbeiten, sei es in Form von Plänen, Reiseführern oder filmischen Projekten, den Reichtum, den Erfahrungsschatz und damit auch die Entwicklungsmöglichkeiten der urbanen Stadtlandschaft.

Die Methoden und Herangehensweisen der einzelnen Studentengruppen waren sehr unterschiedlich und hatten dennoch eines gemeinsam: Es ging nicht so sehr um das Entwickeln neuer Funktionen für die Straße, sondern um die Stärkung bereits vorhandener Potenziale. Es ging auch nicht so sehr um die Veränderung der physischen Struktur, sondern um eine neue Lesbarkeit der Straße – um die Stimulierung eines veränderten Denkens und planerischen Handelns im Umgang mit einem sperrigen und gleichermaßen faszinierenden Stadtraum.

Folgende Maßnahmen und Ideen zur Aufwertung der Straße wurden beispielsweise entwickelt: kulturelle Initiativen und künstlerische Interventionen zur Wahrnehmungsveränderung (»Kulturraum statt Transitraum«), Entdecken und Bewusstmachen der Besonderheiten dieses Stadtraums durch einen »Reiseführer« sowie durch Stadtspaziergänge, Stärkung lokaler Initiativen, Aufwertung der Querverbindungen

Oben: Alte und neue Nutzungen (2012)
Foto: Daniel Dutkowski

Rechte Seite: Tor zur Stadt (2011)
Foto: Daniel Dutkowski

entlang der Straße, Anbinden der dicht besiedelten Quartiere im Hinterland an die Straße, Verbesserung der Umstiegsmöglichkeiten vom Auto auf den öffentlichen Verkehr und Radverkehr durch die Aufwertung der Haltestellen des öffentlichen Verkehrs zu multifunktionalen »Mobilitätsknoten«.

Über die Projektarbeit im Bachelorstudium hinaus war die Auseinandersetzung mit der Triester Straße auch Gegenstand einer Diplomarbeit von Daniel Dutkowski, die unter dem Titel *Urbane Transitformation – Die Triester Straße im Wandel* einen spannenden Einblick in die Geschichte und Gegenwart des Raums aufspannt und gleichermaßen Fragen zu dessen weiterer Entwicklung aufwirft. Die Abbildungen zu diesem Beitrag entstammen zumeist dieser Diplomarbeit.[39]

Für die stadtplanerische Diskussion zog Yasemin Utku in der Publikation *Herausforderung Einfallstraße* folgendes Resümee: »Bedauerlich ist, dass städtische Einfallstraßen nach wie vor kein eigenständiges

---

39 Dutkowski, Daniel (2012): Urbane Transitformation – Die Triester Straße im Wandel, Diplomarbeit TU Wien, Fachbereich Örtliche Raumplanung.

Thema in den Debatten der Stadterneuerung darstellen. Denn ihre Entwicklung kann exemplarisch für die Kraft des Wandels einer Stadt bzw. städtischer Räume stehen. Sie übernehmen mit den an ihnen gebündelten bandförmigen und punktuellen Infrastrukturen von jeher die Funktion eines Rückgrates im städtischen Gefüge. [...] Umso bedeutsamer ist es, bei beabsichtigten Umstrukturierungen dieser schmalen Räume Funktionalität, Gestaltqualität und Alltagstauglichkeit sorgfältig miteinander zu verzahnen.«[40]

Das Geheimnis innovativer Entwicklungen beruht oftmals auch auf der Bereitschaft, »anders« und »quer« zu denken. Erforderlich dazu sind eine besondere kreative Atmosphäre, Mut, Risikofreude, Begeisterung und Begeisterungsfähigkeit. Die Kultur der Stadtentwicklung muss eine Kultur des Querdenkens, des Initiierens, der neuen Zugänge, der Veränderung und der Transformation sein.

Ansätze einer Entwicklungsstrategie (2012): Umstieg bedeutet, die Konzentration weg vom Auto zu lenken, um anderen Verkehrsteilnehmern Platz zu machen und alternative Mobilitätsformen zu fördern. Anker werfen heißt, bedeutende Orte entlang der Triester Straße, an denen öffentliches Leben entsteht, zu positionieren und zu gestalten. (Hinter-)Land in Sicht verweist darauf, dass sich viele wichtige Wohnprojekte unweit der Triester Straße befinden. Sowohl die Straße als auch die dicht besiedelten Quartiere können durch bessere Verflechtungen profitieren.

Quelle: Herausforderung Einfallstraße, TU Wien 2012, S. 102

---

40 Utku, Yasemin (2012): Schmale Räume: städtische Einfallstraßen, in: Herausforderung Einfallstraße, TU Wien, S. 53.

London: Better High Streets

High Streets sind ein wesentliches städtebauliches Gliederungselement Londons. Von Aldgate High Street bis Woolwich High Street gibt es über 100 *High Streets* in Londons Straßenverzeichnis, von denen viele auf historische Handelsstraßen zurückgehen. *High Streets* sind wichtige Orte der Nahversorgung, spielen aber auch für das gesellschaftliche und kulturelle Leben der unterschiedlichen Subzentren Londons eine wichtige Rolle. Allerdings haben der zunehmende Autoverkehr und die Konkurrenz auf dem Einzelhandelssektor auch den Londoner *High Streets* schwer zugesetzt. Seit 2009 entwickelt die Greater London Authority daher Strategien, wie die *High Streets* wiederbelebt werden können, bilden sie doch wichtige Identifikationspunkte in der Stadtregion und sichern im Sinne des Leitbilds der »Stadt der kurzen Wege« eine fußgängerfreundliche und damit nachhaltige Versorgung der umliegenden Stadtteile.

Zahlreiche Projekte an den Straßen konnten mittlerweile umgesetzt werden, etwa im Rahmen des von Bürgermeister Ken Livingstone (2000–2008) angestoßenen Programms *Making Space for Londoners* (2002), aber auch bei der Vorbereitung der Stadt auf die Olympischen Sommerspiele 2012 oder als Reaktion auf die Ausschreitungen von Jugendlichen im Sommer 2011. Mit einem planerischen Ansatz, der Verkehrsplanung, Städtebau, Architektur, künstlerische Interventionen und die Gestaltung von öffentlichen Räumen sowie Wirtschaftsförderung miteinander verknüpft, hat die Stadtverwaltung von London gemeinsam mit den kommunalen Behörden, zivilgesellschaftlichen Initiativen und zahlreichen Planungsbüros ein Bündel von Maßnahmen entwickelt und umgesetzt, die dazu beitragen sollen, die *High Streets* zu reurbanisieren. In den folgenden beiden Texten werden zunächst von Tobias Goevert (Greater London Authority) die Ziele und Instrumente zur Reurbanisierung von *High Streets* dargestellt. Anschließend erläutert der Architekt Dann Jessen vom Büro EAST Architects anhand von drei realisierten Projekten die konkrete Umsetzung der Strategie.

Der General Gordon Square in Woolwich nach der Erneuerung der Verkehrsinfrastruktur (2012).
Quelle: Witherford Watson Mann Architects

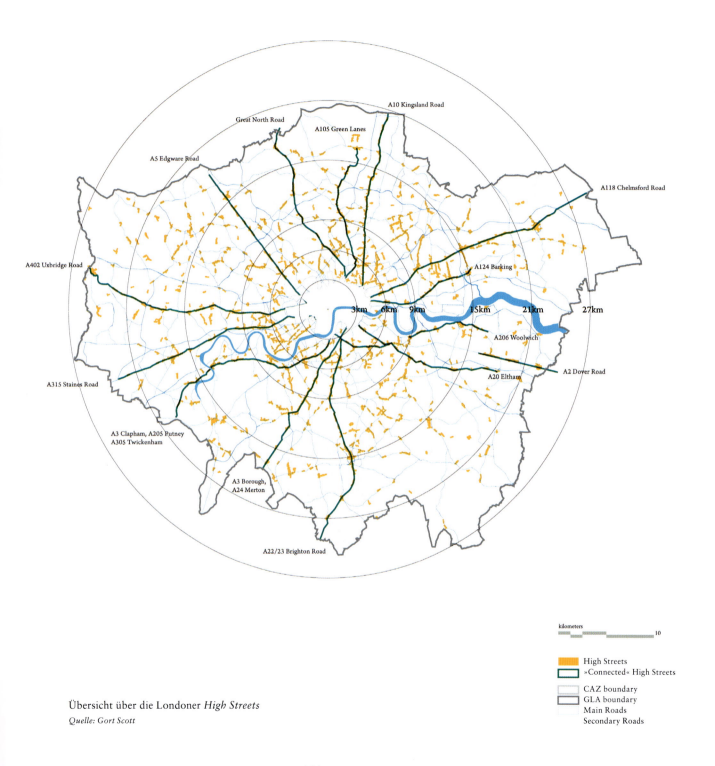

Übersicht über die Londoner *High Streets*
Quelle: Gort Scott

Programme zur Reurbanisierung von High Streets

Tobias Goevert

In der über 2.000-jährigen Geschichte Londons haben die Hauptstraßen der Stadt schon immer den Fokus des alltäglichen Lebens gebildet. Viele der heutigen *High Streets* sind seit der Besiedlung durch die Römer wichtige Arterien für Verkehr und Handel – lineare Welten, an denen heute die Menschen in den Bus einsteigen, die Tageszeitung kaufen oder Freunde treffen.[41] Etwa zwei Drittel der Londoner können innerhalb eines fünfminütigen Spaziergangs eine *High Street* erreichen. Gesäumt werden die Hauptstraßen von Rathäusern, Gotteshäusern, Bibliotheken und anderen kulturellen Einrichtungen und in den meisten Fällen sind sie gut an den öffentlichen Nahverkehr angebunden, was sie hinsichtlich der Umnutzung leer stehender Gewerbegebäude, Tankstellen oder anderer Brachen als ideale Räume erscheinen lässt, um das Wachstum der Stadtregion aufzunehmen.

In den *High Streets* sind gesellschaftliche und ökonomische Transformationsprozesse besonders deutlich ablesbar. Die Vielfalt der dort angebotenen Güter und Dienstleistungen, ihre räumlichen Gefüge und die entlang der Straße stattfindenden Aktivitäten spiegeln Londons jahrhundertealten Verknüpfungen mit der übrigen Welt wider.[42] Während die *High Streets* also als Mikrokosmos der Anpassung und Resilienz gelten können, waren sie gleichzeitig von der Konkurrenz mit Einkaufszentren und den ökonomischen Turbulenzen der vergangenen

---

41 Design for London / Gort Scott / University College London (2010): High Street London, London, unveröffentlichter Bericht der *London Development Agency*.
42 Hall, Suzanne / LSE Cities (2012): Ordinary Streets, URL: http://lsecities.net/objects/research-projects/ordinary-streets (04.07.2013).

Jahre hart betroffen.[43] Besonders leer stehende Ladenlokale sind eine Herausforderung, denn sie lösen an vielen Orten eine Abwärtsspirale aus und tragen dazu bei, dass die Attraktivität für Fußgänger und somit die Laufkundschaft abnimmt. Als 2011 das »Ende der Hauptstraßen« vorhergesagt wurde,[44] haben Städtebau-Experten den Londoner Bürgermeister dahingehend beraten, öffentliche Investitionen an den *High Streets* zu bündeln. Die so eingeleitete Erneuerung konzentriert sich auf die Aufwertung von öffentlichen Räumen und der Verkehrsinfrastruktur, umfasst mittlerweile aber auch weitergehende Strategien und versucht, Arbeitslosigkeit zu mindern sowie Aus- und Weiterbildungsinitiativen und Gewerbetreibende zu fördern.

Es mag immer noch überraschend anmuten, dass London – die Stadt der Autobahnüberführungen und Kreisverkehre, die von dem Städtebauexperten Richard Rogers hinsichtlich der Qualität der öffentlichen Räume noch vor zehn Jahren als »schlimmste Stadt außerhalb der kommunistischen Länder«[45] bezeichnet wurde – mittlerweile als Vorzeigebeispiel taugt. In London lässt sich heute betrachten, wie Verkehrsplanung, Städtebau, Stadtplanung und unlängst Wirtschaftsförderung integriert werden können und wie es dadurch möglich wird, innovative Strategien zur Reurbanisierung der *High Streets* umzusetzen. Die von der Greater London Authority (GLA) angestoßenen *Regeneration*-Projekte bauen auf einer 15-jährigen Erfahrung auf, Stadtteilzentren im Windschatten von großen Infrastrukturmaßnahmen zu erneuern. So sollen ökonomisches Wachstum gefördert und Defizite der als benachteiligt geltenden Quartiere ausgeglichen werden. Die strategischen Projekte, die unter der Regie des Bürgermeisters Boris Johnson und seiner Mitarbeiter realisiert werden, reichen im Maßstab von der in Ost-West-Richtung verlaufenden Hochleistungsregionalbahn Crossrail bis hin zu kleinteiligen Programmen, etwa der *Streetscape Guidance*, einem Gestaltungshandbuch für Londons Straßen.

Das Programm des Bürgermeisters für öffentliche Räume, *London's Great Outdoors*, stärkt seit 2008 London als fußgänger- und fahrradfreundliche Stadt. Priorität wird Projekten eingeräumt, die die Qualität öffentlicher Räume verbessern und eine hochwertige

---

43 Genecon LLP and Partners/Department for Business, Innovation and Skills (2011): Understanding High Street Performance, London.
44 Portas, Mary (2011): The Portas Review. An independent review into the future of our high streets, London.
45 Hurst, Will (2010): Cuts spell disaster for design, warns Richard Rogers, in: Building Design online, 29.10.2010, URL: http://www.bdonline.co.uk/news/cuts-spell-disaster-for-design-warns-richard-rogers/5008069.article (04.07.2013).

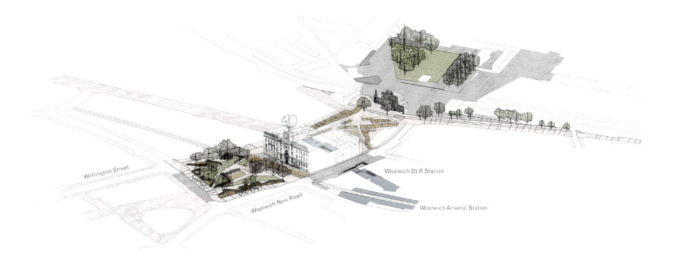

Verkehrsinfrastruktur schaffen.[46] Die Strategie, autodominierten, darniederliegenden *High Streets* wieder Leben einzuhauchen, wurde von zuvor realisierten Projekten in Barking, Dalston oder Woolwich abgeleitet – starken Transformationsprozessen unterliegenden Wachstumszentren.[47] In Woolwich etwa wurden diese Entwicklungen durch die Eröffnung einer Station der Docklands Light Railway (2009) und durch die Planung von Crossrail ausgelöst. Parallel zu den großen Infrastrukturinvestitionen wurde geplant, neue Wohngebiete stärker an das Stadtteilzentrum und den dortigen Knotenpunkt des öffentlichen Nahverkehrs anzubinden. Dazu wurde die Verkehrsführung der zahlreichen Busrouten vollständig umstrukturiert, was Flächen freisetzte, die zu einer Kette von neuen Stadtplätzen umgestaltet werden konnten. Die Einzelprojekte, die im Rahmen von Wettbewerbsverfahren konkretisiert wurden, versuchen mit einfachen gestalterischen Mitteln eine hohe Aufenthaltsqualität zu erzeugen. Sie sollen die Messlatte in der Gestaltung hoch legen und als Orientierung für andere – private wie öffentliche – Akteure dienen. Rechtzeitig zu den Olympischen Spielen 2012 wurden die Plätze eröffnet.

Axonometrie der umgestalteten Verkehrsinfrastruktur in Woolwich, Planung von Witherford Watson Mann (realisiert im November 2009)
Quelle: Witherford Watson Mann Architects

46 Mayor of London / Greater London Authority (2009): London's Great Outdoors, London, URL: http://www.london.gov.uk/priorities/regeneration/londons-great-outdoors (04.07.2013).
47 Vgl. Opportunity and Intensification Areas in London Plan: Greater London Authority / Mayor of London (2011): The London Plan, London, URL: http://www.london.gov.uk/priorities/planning/opportunity-areas/location-londons-opportunity-and-intensification-areas-0 (04.07.2013).

General Gordon Square in Woolwich nach der Erneuerung der Verkehrsinfrastruktur, Planung von Gustafson Porter (2012)
Foto: Chris Mansfield

Während die gestalterischen Erfolge dieser Strategie auf der Hand liegen, sind die sozio-ökonomischen Impulse weniger offensichtlich. Die Bevölkerung von Woolwich kann sich nun zwar am schönen Bodenbelag erfreuen, aber dennoch sind die Chancen, lokal einen Arbeitsplatz zu finden, weiterhin gering. Die sozialen Spannungen haben sich infolge der Wirtschaftskrise eher verstärkt und es wird deutlich, dass mehr getan werden muss.

Wirtschaft und Wachstum entlang der Hauptstraßen

Beeindruckenderweise beheimaten Londons *High Streets* fast 1,5 Millionen Arbeitsplätze, was etwas 35 Prozent aller Arbeitsplätze in London und vor allem mehr als der Hälfte aller Jobs außerhalb des Zentrums entspricht, die meisten davon in kleinen und mittelständischen Unternehmen.[48] Diese kleinen Firmen sind darauf angewiesen, Standorte in unmittelbarer Nähe zu ihren Kunden zu finden, um so die jeweils ortsspezifische Nachfrage zu bedienen. Viele dieser Unternehmen sind äußerst dynamisch, anpassungsfähig und resilient – eine bedeutende Qualität, wenn es darum geht, sich in den ökonomisch schnell wandelnden Straßenräumen behaupten zu können.[49] Im Jahr 2011 kündigte der Bürgermeister umfangreiche Investitionen an den

---

48 Laut britischer Definition handelt es sich dabei um *Small to Medium Enterprises* (SMEs), vor allem um sogenannte *Microbusinesses* mit unter zehn Beschäftigten.
49 Centre for Cities, 2012.

Umgestalteter Laden in Wilsden (2012)
Quelle: Architecture Foundation / Foto: Mike Massaro

High Streets im Rahmen des Förderprogramms *Outer London Fund* an, mit dem Ziel, lokale Ökonomien zu stärken. Innerhalb von drei Jahren sollten 50 Millionen Pfund vergeben werden, hinzu kamen weitere 70 Millionen Pfund (davon 20 Millionen von der Landesregierung), die im Rahmen des *Mayor's Regeneration Fund* u. a. für die Stadtteile Tottenham und Croydon bereitgestellt wurden, die am stärksten von den Ausschreitungen im August 2011 betroffen waren.[50] Die Gelder aus dem *Outer London Fund* wurden im Rahmen von Wettbewerben und gezielten Investitionen an strategisch bedeutsame Orte vergeben. Die Verfahren, an denen sich lokale Behörden und andere Organisationen beteiligen konnten, brachten vielfältige, auf die Ziele der Programme ausgerichtete Interventionen hervor, von Festen und Dekorationen, der Erneuerung von Ladenfronten, Aufwertung von öffentlichen Räumen, dem Ankauf von Grundstücken durch die öffentliche Hand zur Realisierung weiterer Projekte bis zur Beratung für Gewerbetreibende. Übergeordnetes Ziel war es, den Gebieten nicht nur durch eine kurzfristig wirksame Finanzspritze zu helfen, sondern langfristiges Vertrauen in die Standorte zu signalisieren.

Zum Ende der Förderperiode 2013 / 2014 wird die GLA etwa 100 Millionen Pfund in 54 Londoner *High Streets* investiert haben, ergänzt durch weitere 50 Millionen Pfund von den kommunalen Partnern, wodurch mehrere Tausend Arbeitsplätze gesichert und geschaffen werden

---

50 Weitere Informationen zu den Förderprogrammen unter:
http://www.london.gov.uk/priorities/regeneration/high-streets (07.07.2013).

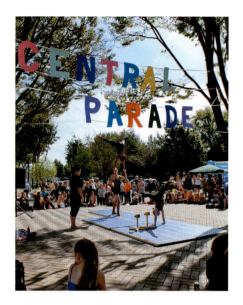

Oben: Veranstaltung in der Central Parade in New Addington, Croydon zur Stärkung der lokalen Identität (2012)
Quelle: GLA Regeneration / Foto: Lewis Jones

Unten: Nach den Unruhen von 2011 eröffnetes Gründerzentrum 639 Tottenham High Road im Stadtteil Tottenham / Harringay (2012)
Quelle: GLA Regeneration / Foto: Angus Leadley Brown

sollen. 580 Ladenfronten wurden bisher neu gestaltet, 60 Ladenlokale wurden wieder in Nutzung gebracht. Die meisten der geförderten Straßen haben zudem Gelder für die Umgestaltung öffentlicher Räume erhalten, die teilweise aus dem Etat *Transport for London Major Schemes* für die Erneuerung von Bodenbelägen, Straßenmöbeln, Wegweisern und Beleuchtung sowie für verbesserte Zugangsmöglichkeiten für Radfahrer und Fußgänger stammen und dazu beitragen sollen, das Programm *London's Great Outdoors* umzusetzen.

Nächste Schritte

Dank der Arbeit von GLA-Abteilungen wie der *Architecture + Urbanism Unit* (bis 2005), *Design for London* und seit 2013 *GLA Regeneration* ist es mittlerweile fast die Norm geworden, gestalterisch hochwertige Projekte im öffentlichen Raum und im Bereich der Verkehrsinfrastruktur umzusetzen.[51] Jetzt wird sich das gerade personell deutlich aufgestockte Team von *GLA Regeneration* bemühen, diesen Anspruch sogar noch zu steigern und nicht nur die gestalterischen, sondern auch die sozialen und ökonomischen Potenziale eines Ortes zu verbessern.

Allein durch die Stärkung des Einzelhandels werden sich viele *High Streets* wohl kaum vor dem Niedergang retten können. Die Zukunft der Hauptstraßen hängt stark von einer Diversifizierung der Nutzungen ab. Neben dem Einzelhandel im Erdgeschoss gibt es ein »Ökosystem« aus Firmen in den oberen Etagen der Häuser, der Tiefe der Blöcke, an den Rändern und in den Seitenstraßen. Es besteht Bedarf an einer neuen Runde des *High Street Fund*. Die bereits realisierten Projekte haben gezeigt, dass man mit klugen und gezielten Investitionen in die Verkehrsinfrastruktur, das räumliche Erscheinungsbild und die Ökonomie der Hauptstraßen zur Reurbanisierung beziehungsweise Neudefinition der *High Streets* beitragen kann. Solche Investitionen der öffentlichen Hand in den Straßenraum haben weiter reichende Effekte als jene, die nur die Verbindung zwischen A und B effektiver gestalten.

---

51 Goevert, Tobias / Polinna, Cordelia (2010): Zehn Jahre Greater London Authority. Designing London – die Rückkehr zur städtebaulichen Planung, in: Planerin – Fachzeitschrift für Stadt-, Regional- und Landesplanung, 06 / 2010, S. 35–38; Polinna, Cordelia (2011): Shaping the well-connected City – Infrastructure and Contemporary Urban Design, in: Hauck, Thomas / Keller, Regine / Kleinekort, Volker (Hg.): Infrastructural urbanism: A new approach to urban design, Berlin, S. 187–211; Goevert, Tobias (2011): Shaping the Royal Dock with Infrastructure, in: Hauck, Thomas / Keller, Regine / Kleinekort, Volker (Hg.): Infrastructural urbanism: A new approach to urban design, Berlin, S. 227–239; Goevert, Tobias (2012): Im Windschatten der Infrastruktur, in: StadtBauwelt 194, 22.06.2012, S. 66–71.

Mobilisierung von City Verges – eine Methode zur Reurbanisierung von High Streets

Dann Jessen

EAST Architects haben in den vergangenen zehn Jahren eine Vielzahl von Projekten entworfen und umgesetzt, die das Ziel verfolgen, die Ränder der Städte neu zu gestalten.[52] Maßgeblich war das Büro dafür verantwortlich zu testen, wie die eher abstrakten, übergeordneten Strategien der Greater London Authority für eine Reurbanisierung der *High Streets* in den Außenbezirken in konkrete Projekte übersetzt werden können. Geprüft werden sollte, wie Straßen als öffentliche Räume verbessert und zugleich mit dem Hinterland aus Wäldern, Erholungsgebieten, Wohnquartieren, Gewerbe- und Industriegebieten sowie Einkaufszentren »auf der grünen Wiese« verknüpft werden können.

Von EAST Architects wurden unterschiedliche Herangehensweisen an derartige Räume erprobt: landschaftsarchitektonische Interventionen, eine Verbesserung der Zugangsmöglichkeiten und Erreichbarkeit sowie Aktivitäten wie Märkte, Spiel, Gärtnern oder Filmvorführungen. Gemeinsam mit Studenten der The Cass/London Metropolitan University arbeiten EAST Architects zudem zu Räumen, die von der autogerechten städtebaulichen Moderne geprägt sind, etwa im Londoner Subzentrum Croydon oder in São Paulo, Brasilien, aber auch in den Außenbezirken von London, wo im Umfeld großer Straßen sogenannte *city verges* entstehen – kleine Resträume, die in der britischen Debatte oft etwas abfällig als SLOAP (*spaces left over after planning* – Räume, die nach der Planung übrig bleiben) bezeichnet werden. In diesen Orten werden die räumlichen Konsequenzen

---

52 Zur Arbeit von EAST Architects vgl. EAST Architects (2009): Expressing Interest, London, sowie URL: http://www.east.uk.com (07.07.2013).

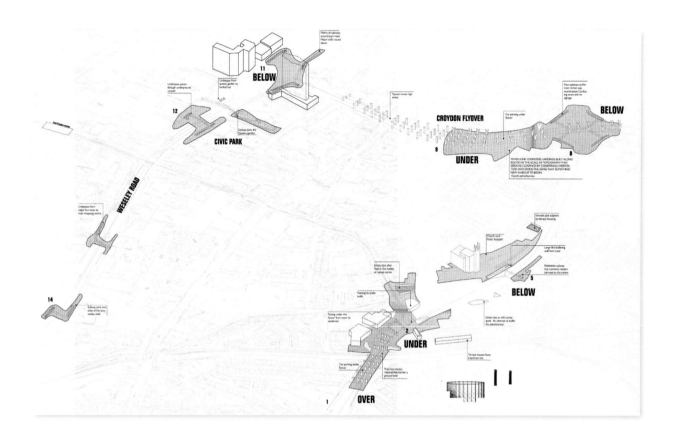

Croydon, ein Stadtteil im Süden Londons, ist geprägt von Räumen »im Schatten der Moderne« (2013). Die Studentin Holly Hayward hat in diesem Plan die Restflächen dargestellt, die im Umfeld der großen Verkehrsinfrastrukturen in Croydon entstanden und die städtebaulich problematisch sind.

Quelle: Holly Hayward (Diploma Unit 3 an The Cass, London Metropolitan University)

von Infrastrukturen hinsichtlich ihrer Potenziale erforscht – Räume, die sich »im Schatten der Moderne« herausgebildet haben.

Wood Street – Experimentieren im Maßstab 1:1

Die Transformation solcher Resträume war ein wichtiger Bestandteil der Strategie von EAST Achitects für die Wood Street im London Borough of Waltham Forest, die 2011–2012 mit Mitteln des *Outer London Fund* der Greater London Authority realisiert wurde. Das Konzept setzte sich aus zwei Bestandteilen zusammen: Die Straße sollte durch neue Beleuchtung und Beschilderung, Baumpflanzungen, hochwertige Bodenbeläge und ansprechend gestaltete Ladenfronten attraktiver werden. Zudem starteten EAST Architects gemeinsam mit dem Kurator Ashley McCormick sowie Künstlern und Designern ein Programm von kleinen räumlichen Interventionen, die auf die Besonderheiten des Ortes reagieren und diese reflektieren sollten. An

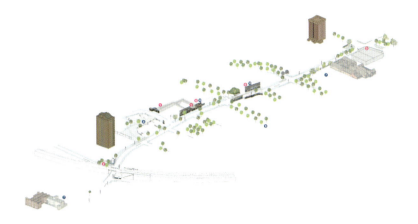

Skizze der von EAST Architects geplanten Maßnahmen zur Umgestaltung der Wood Street im Osten Londons (realisiert ab 2011)
Quelle: EAST Architects

einer Straßenecke wurde etwa ein Film gezeigt, der die Geschichte des Stadtteils als Ort der Stummfilmproduktion aufgreift und der Anwohner dazu einlud, diesen bislang kaum genutzten Raum neu zu erfahren. Solche Herangehensweisen ermöglichen es, neue Nutzungen auszutesten und weitere, umfangreichere Veränderungen anzustoßen. Gleichzeitig erforderte dieses Experimentieren im Maßstab 1:1 auch von der lokalen Verwaltung eine besondere Flexibilität und Offenheit.

Stitching the Fringe

Unter dem Titel *Stitching the Fringe* wurden von den Bezirken, der Olympic Park Legacy Corporation und *Design for London* Maßnahmen entwickelt, um den Olympischen Park mit den angrenzenden Gebieten zu verknüpfen. Diese Strategie sollte der Tatsache Rechnung tragen, dass große Infrastrukturprojekte wie der Olympische Park oft in räumlicher und kultureller Hinsicht isoliert von ihrer Umgebung sind. Für EAST Architects bedeutete dieses »Anheften« sicherzustellen, dass es auf beiden Seiten der Grenzen des Parks Ziele für die Nutzer gibt, die das Überqueren dieser Grenzen erfordern. Zudem sollten neue Verbindungen geschaffen werden, die aus einer Serie von lokalen, auf den Ort zugeschnittenen Interventionen gebildet werden und den Menschen in den umliegenden Quartieren zeigen, dass auch sie von dem durch die Olympischen Spiele angestoßenen Stadtumbau profitieren.[53]

Pop-up-Kino in der Wood Street: Ein von Kindern vor Ort und den Künstlerinnen Emily Tracy und Lizzy Hobbs produzierter Film bringt den Bewohnern des Quartiers die lokale Filmgeschichte nahe und ermutigt sie, sich den Straßenraum anzueignen (2012).
Quelle: EAST Architects, Foto unten: Amy Scaife

53 Vgl. Lewis, Julian / Jessen, Dann (2012): Nähen und flicken (Interview mit Friederike Meyer), in: StadtBauwelt 194, 22.06.2012, S. 46–49.

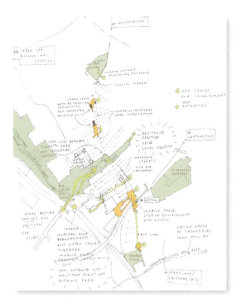

Hairy Drawing: Skizze der Leyton High Street und ihrer Umgebung, welche die speziellen Qualitäten des Gebiets sowie erste Ideen zur Umgestaltung zeigt (2011)
Quelle: EAST Architects

Das Schild soll den Stadtteil Leyton weit im Osten Londons, der von großen Autostraßen und Bahntrassen gesäumt wird, besser sichtbar machen.
Quelle: EAST Architects, Foto: Jakob Spriestersbach

Als herausragendes Projekt wurde bis 2012 Leyton Links realisiert, durch das eine *High Street* am östlichen Rand des Olympischen Parks aufgewertet werden sollte. Dafür wurde eine kleine Grünfläche durch neue Eingangsbereiche und eine Beleuchtung der Bäume stärker zur Umgebung geöffnet. So kann diese Grünfläche besser als Erholungsraum genutzt werden. Zugleich wurden mittels einer Fußgängerbrücke aber auch bessere Wegeverbindungen über eine Bahntrasse hergestellt. Die Bänke entlang der Straße haben die Form von Baumstämmen, was an die Wälder erinnern soll, die das Gebiet einst bedeckten. Mehrere Gebäudefassaden und Ladenfronten wurden farbenfroh erneuert, um die Qualität der *High Street* als »urbanes Zimmer« zu stärken. Zusätzlich wurden die Überquerungen der Straße für Fußgänger verbessert. Hochwertige Granitplatten auf dem Gehsteig, in die Symbole, welche die lokale Geschichte aufgreifen, eingraviert wurden, markieren die Seitenstraßen. Eine Rampen- und Treppenanlage trägt dazu bei, die *High Street* mit einem bislang isoliert liegenden Einkaufszentrum zu verbinden. Letztlich konnte über einen großen Parkplatz ein weiterer Eingang zum Olympischen Park angelegt werden, wodurch nach Umbau und Eröffnung des Parks eine neue Verbindung entstehen wird.

Uxbridge Road – Strategie und Details

Die Uxbridge Road ist eine der historischen Radialstraßen Londons und durchzieht die Stadt von Osten nach Westen, u. a. unter den berühmten Namen Whitechapel High Street und Oxford Street. Durch eine städtebauliche Analyse wurden Potenziale ermittelt, die die Radialstraße als urbanen Raum und zugleich die Anbindung der angrenzenden Quartiere stärken. Allgemeine Vorschläge zur Umgestaltung der Straße sahen vor, Fußgängerüberwege zu verbessern und die Flächen vor Ladenlokalen neu zu gestalten, so dass dort auch Stände für *Street Food* oder Flohmärkte aufgestellt werden können. Zudem wurde vorgeschlagen, verschiedene Grünflächen zu größeren Netzwerken und »Ringrouten« zusammenzufassen und bessere öffentliche Räume entlang der Straße zu schaffen.
Die Umgestaltung des im Westen Londons an der Uxbridge Road liegenden Acton Town Square durch EAST Architects war das erste Projekt, das im Rahmen dieser Strategie ab 2006 in enger Abstimmung mit den Anwohnern entwickelt und realisiert wurde. Zentral für die Planung und Umsetzung des Projekts sowie für seinen Erfolg in den vergangenen Jahren war es, das Projekt in vor Ort entwickelte Antworten auf die Frage, was ein öffentlicher Raum an einer *High Street* bedeuten könnte, einzubetten. Die ersten Phasen des Projekts waren

deshalb nur »minimalinvasiv«, so dass der Wandel des Raums zunächst kaum bemerkbar war. Es wurden lediglich zusätzliche Flächen und Infrastrukturen für Veranstaltungen und Märkte bereitgestellt. Diese wurden von lokalen Initiativen ins Leben gerufen und erhielten Zeit, um zu wachsen und sich auszubreiten. Weil sie schließlich als sehr erfolgreich wahrgenommen wurden, begann die lokale *Community*, radikalere und umfassendere Verbesserungen der Räume zu fordern, so dass die zweite Phase der Umgestaltung beginnen konnte. Nunmehr wurde an der Straße ein robuster Stadtplatz angelegt, der sich zwischen den klar durch Kirche, Supermarkt und Pub definierten Grenzen des Raums erstreckt. Der leicht ansteigende Hügel *Kings Mount* wurde mit Bodenbelägen aus Granit deutlicher im Stadtraum markiert. Zugleich wurde dem neuen Markt und anderen öffentlichen Veranstaltungen ein permanenter Platz gegeben. Der neue Stadtplatz hat dazu beigetragen, die Identität von Acton deutlicher herauszustellen, ist aber trotzdem flexibel genug, um den alltäglichen Nutzungen wie Einkaufen, Essen, Kirchgang, aber auch dem von *Action Acton* veranstalteten Markt und speziellen Festen Raum zu geben.
Das Projekt Acton Town Square gewann den *Mayor's Planning Award for Best Community Project* und ist zudem Teil eines größeren Erneuerungskonzepts für das Stadtteilzentrum von Acton und die dortigen öffentlichen Räume. Fünf strategisch wichtige Bereiche wurden ausgewählt, um maßgeblich die Einbindung des an der Straße liegenden Zentrums in die angrenzenden Quartiere sowie Fußgängerwege und Radverbindungen zu verbessern.

Links: Eine neue Rampen- und Treppenanlage schafft eine Verbindung zwischen der Leyton High Street, einem Einkaufszentrum samt Parkplatz und dem Olympischen Park (2012).
Quelle: EAST Architects, Foto: Jakob Spriestersbach

Rechts: Der neue Stadtplatz an der High Street in Acton Town, West-London (2007)
Quelle: EAST Architects, Foto: David Grandorge

New York: Planung und Umsetzung des Sustainable Streets Strategic Plan

Annika Levels

Im Herzen Manhattans, umgeben von zahlreichen bekannten Sehenswürdigkeiten, befindet sich das wohl prominenteste Beispiel zur Reurbanisierung von Straßen in New York. Entlang des Broadway zwischen Union Square und Columbus Circle bestimmte jahrelang ein enormes Verkehrsaufkommen das Straßenbild. Dieses behinderte nicht nur den Verkehrsfluss, sondern minderte auch die Verkehrssicherheit und schränkte die Aufenthaltsqualität entlang der Straße ein. In den vergangenen Jahren ist die Stadt deswegen entschieden gegen dieses Verkehrschaos vorgegangen: Unter dem Projekttitel *Green Light for Midtown*[54] wurde die berühmte Diagonale Manhattans zu großen Teilen für den Autoverkehr gesperrt, Fahrradspuren und Fußgängerboulevards wurden angelegt und die riesigen Verkehrskreuzungen am Madison, Herald und Times Square zu aufenthaltsfreundlichen Plätzen umgestaltet. In extra ihnen vorbehaltenen Bereichen bewegen sich heute Fußgänger und Fahrradfahrer, auf der ehemaligen Fahrbahn sitzen Menschen an Tischen, essen, ruhen sich aus oder betrachten das Straßentreiben. Dort, wo jahrzehntelang das Auto den Raum dominierte, ist ein urbaner Ort entstanden, der sowohl Bewegung als auch Verweilen ermöglicht.

Manhattan war bislang nicht als besonders fußgänger- und radfahrerfreundlich bekannt.
Foto: deberarr (CanStockPhoto)

54 Department of Transportation of New York City (2010): Green Light for Midtown. Evaluation Report, URL: http://www.nyc.gov/html/dot/downloads/pdf/broadway_report_final2010_web2.pdf (23.07.2013).

Tische und Stühle schaffen eine neue Aufenthaltsqualität auf der ehemaligen Fahrbahn des Times Square (2011).
Foto: Annika Levels

Sustainable Streets Strategic Plan[55]

Der Broadway, prägnanter Ort dieser Veränderungen, ist aufgrund seiner Funktionen als Einkaufsmeile, Theater- und Vergnügungsviertel weit über die Grenzen der Stadt hinaus bekannt. Außerdem nimmt er stadtstrukturell eine Sonderrolle ein. Als 1811 der Grundriss Manhattans durch den *Commissioner's Plan* festgelegt wurde, blieb der Broadway die einzige Ausnahme in einem ansonsten strengen und uniformen System: Ein Straßenraster teilt die Insel nördlich der Houston Street durch zwölf *Avenues* in Nord-Süd-Richtung und 155 *Streets* in Ost-West-Richtung in bebaubare Blöcke ein. Auf eine Hierarchisierung der Straßen in Haupt- und Nebenstraßen, Boulevards, Diagonalen oder Plätze – wie sie aus europäischen Städten bekannt ist – wurde verzichtet. Der Broadway aber, auf einen alten Indianerpfad zurückgehend, verläuft diagonal von der Süd- bis zur Nordspitze Manhattans und überlagert beziehungsweise schneidet dieses System an mehreren Punkten, namentlich am Madison, Herald und Times Square sowie am Columbus Circle. Diese Schnittpunkte markieren Konfigurationen stadträumlicher Besonderheit: Hier treffen

---

55 Department of Transportation of New York City (2008): Sustainable Streets: Strategic Plan for the New York Department of Transportation 2008 and Beyond,
URL: http://www.nyc.gov/html/dot/downloads/pdf/stratplan_compplan.pdf (23.07.2013).

zwei Straßen diagonal aufeinander und werden zugleich von einer weiteren gekreuzt. Dadurch ergeben sich riesige Freiräume in zentraler Stadtlage sowie angrenzende Grundstücke, die der Rationalität des Rasters nicht untergeordnet sind. Die auf diesen Grundstücken entstandenen Architekturen, wie das *Flat Iron Building* oder der Wolkenkratzer *One Times Square*, haben wesentlich zur Adressbildung entlang des Broadway beigetragen, ebenso wie seine Funktion als Einkaufsstraße oder Theatermeile. Die Freiräume dagegen blieben als riesige, überfüllte Verkehrsknotenpunkte über Jahrzehnte dem Autoverkehr vorbehalten. Erst die Umgestaltung durch das Projekt *Green Light for Midtown* hat ihnen ein neues Gesicht gegeben, das den heutigen Anforderungen an Urbanität und Stadtgestaltung weit mehr entspricht. Auf diese Weise wird neben den räumlichen Qualitäten auch die repräsentative Funktion dieser Straße gestärkt.

Die Umgestaltung des Times Square wird zunächst durch mobile Stadtmöbel getestet (2011).
Foto: Annika Levels

Das Maßnahmenpaket entlang des Broadway ist eines von vielen Projekten zur Straßenumgestaltung, die in den vergangenen Jahren in New York realisiert wurden. Es zeigt deutlich den von der Stadt verfolgten Ansatz, das dreifache Potenzial der Straße als Stadtraum, Transportinfrastruktur und Produzentin von repräsentativen Stadtbildern gleichermaßen zu berücksichtigen. Zentrales strategisches Instrument für diese und andere Neugestaltungen ist der 2008 vom New York City Department of Transportation (DOT) und der leitenden Kommissionärin Janette Sadik-Khan veröffentlichte *Sustainable Streets Strategic Plan*. In sieben Kategorien legt dieser Ziele, Leitlinien und Maßnahmen fest, wie die Themen Transport, Verkehr und Straßenraum in der Stadt behandelt werden sollen, um eine nachhaltige Entwicklung zu fördern. Dabei spielt die Verbesserung der Infrastruktur- und Transportsysteme ebenso eine Rolle wie die Erhöhung der Sicherheit aller Verkehrsteilnehmenden auf den Straßen. Der Plan generiert außerdem eine umfassende Sicht auf den städtischen Straßenraum und die Notwendigkeit einer lebenswerten, qualitätsvollen Gestaltung. Das DOT folgt damit den Vorgaben und Zielen der gesamtstädtischen strategischen Planung, die 2006 von Bürgermeister Michael Bloomberg im *PlaNYC 2030 – A Greener, Greater New York*[56] festgeschrieben wurden, und beschränkt sich damit erstmalig nicht nur auf die Lösung von bestehenden Verkehrsproblemen, sondern verspricht einen Wechsel in seiner planerisch-politischen Ausrichtung im doppelten Sinne: Zum einen werden neben dem Auto verstärkt auch andere Mobilitätsformen, wie etwa das Fahrrad, in die Straßengestaltung mit eingebunden,

Die ursprüngliche Straßenraumaufteilung mit Fahrbahn und erhöhtem Gehweg wird vorerst beibehalten. Sie macht die Umgestaltung kostengünstig, aber auch leicht reversibel (2011).
Foto: Annika Levels

---

56 The City of New York (2007): plaNYC: A Greener, Greater New York, URL: http://nytelecom.vo.llnwd.net/o15/agencies/planyc2030/pdf/full_report_2007.pdf (26.07.2013).

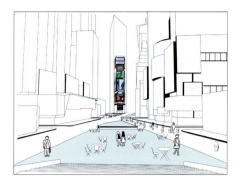

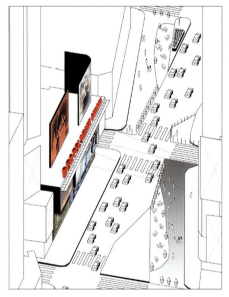

Oben: Überblick über den Times Square von der tkts-Freitreppe (2011)
Quelle: Annika Levels

Unten: Firmen profitieren mit neuen, interaktiven Werbebildschirmen von den aufgeweiteten Fußgängerbereichen am Times Square (2011).
Quelle: Annika Levels

zum anderen werden Straßen über ihre bloße infrastrukturelle Verbindungsfunktion hinaus auch als wertvoller öffentlicher Stadtraum betrachtet und Lösungen gesucht, die das damit verbundene Freiraumpotenzial zur Geltung bringen.

Auffällig an den Prozessen in New York ist die schnelle Realisierung zahlreicher Projekte. Schon kurz nach der Veröffentlichung des *Sustainable Streets Strategic Plan* wurden die ersten Maßnahmen entlang des Broadway ausgeführt. Auf der Umsetzungsebene verhelfen testweise Pilotprojekte, temporäre Gestaltungsmittel und mobile Ausstattungselemente zum schnellen Bau der Entwürfe. Neben der zügigen Realisierung ermöglicht diese Vorgehensweise auch – sollte ein Projekt auf nachhaltigen Widerstand stoßen oder die erhoffte Wirkung nicht erzielen – einen unmittelbaren, wenig aufwendigen Rückbau. Die zahlreichen räumlichen Eingriffe an unterschiedlichen Orten in der Stadt haben ein neues Bild der urbanen Straße entstehen lassen. Schlüssel zur erfolgreichen Umsetzung dieser Maßnahmen sind auf Verwaltungsebene speziell auf dieses Ziel hin ausgerichtete neue Planungsinstrumente des DOT, die die strategischen Überlegungen des *Sustainable Streets Strategic Plan* in konkrete Projekte überführen, die Finanzierung und Instandhaltung regeln und Gestaltungsstandards für ein einheitliches Stadtbild festlegen. Besonders erwähnenswert sind in diesem Zusammenhang das *Public Plaza Program* sowie die Leitlinien *Complete Streets*, deren Grundsätze auch am Broadway zu finden sind.

Public Plaza Program und Complete Streets

Das *Public Plaza Program* ermöglicht gemeinnützigen Organisationen, sich in einem jährlich durchgeführten Wettbewerbsverfahren beim DOT um die Umgestaltung einer Straße, die für den (Auto-)Verkehr entbehrlich ist, zu einem fußgängerfreundlichen Platz zu bemühen. Dabei werden Bewerbungen bevorzugt, deren Projektgebiete sich in Nachbarschaften befinden, in denen nur wenig Freiraum zur Verfügung steht und die sich durch gute Erreichbarkeit und ein hohes vorhandenes Fußgängeraufkommen auszeichnen. Zugleich wird darauf geachtet, dass sich die Bewerbenden bereits um Akzeptanz und Unterstützung des angestrebten Umbaus bei der Anwohnerschaft bemüht haben. Zentrale Voraussetzung für die Zulassung einer Bewerbung aber ist die Bereitschaft einer Institution oder Person, sich vertraglich zu verpflichten, nach der Fertigstellung der *Plaza* Pflege und Erhaltung zu garantieren. Seit der Einführung des Programms im Jahr 2008 wurden dadurch zahlreiche neue Plätze im New Yorker

Stadtgebiet angelegt. Die meisten davon befinden sich im südlichen Teil Manhattans, zunehmend werden die Fördergelder aber auch in Projekte anderer Stadtteile investiert. Oft handelt es sich bei den Orten um kurze Straßenabschnitte, die Resträume in Kreuzungsbereichen bildeten und an lokale Ökonomien wie kleine Lebensmittelgeschäfte, Cafés oder Bars angeschlossen sind. Zentrale Gestaltungsmittel sind stets die Einfärbung des Bodens, das Aufstellen von Eisentischen mit Stühlen und Pflanzkübeln sowie das Errichten von Absperrungen beispielsweise durch Zäune, Poller oder große Steine.

Mit der Gestaltung von Straßen, die ihre Funktion als Verkehrsinfrastruktur beibehalten müssen, beschäftigt sich die Initiative *Complete Streets*. Ihr zentrales Anliegen ist es, Straßen in New York so zu gestalten, dass die Anforderungen aller Verkehrsarten berücksichtigt und so Sicherheit, Raum- und Lebensqualität auf der Straße und in ihrem direkten Umfeld erhöht werden. Die Initiative ist in unterschiedlichen Dokumenten verankert. Im 2009 aktualisierten *Street Design Manual* wurden Standards für die Straßengestaltung festgelegt, die zeigen, wie – abhängig vom Straßentypus der jeweiligen städtischen Umgebung und ihrer Nutzung beziehungsweise Funktion – alle Verkehrsteilnehmende in der Gestaltung berücksichtigt werden können. Darüber hinaus wurde Ende 2011 das *Complete Streets Law* durch die Abgeordneten des Bundesstaates New York verabschiedet, welches das Ziel einer ganzheitlichen Straßenplanung und der Anwendung dieser Gestaltungsprinzipien auf höchster Ebene formuliert.

Das erste *Complete-Streets*-Modellprojekt des DOT wurde im Herbst 2007 im südlichen Manhattan auf der 9th Avenue umgesetzt. Seitdem befindet sich ein Fahrradweg, durch einen Parkstreifen von den fahrenden Autos getrennt, am Rand der Fahrbahn; erhöhte Fußgängerinseln und Zebrastreifen erleichtern das Queren der sehr breiten Straße, neue Fahrbahnmarkierungen vereinfachen die Orientierung. Bepflanzungen haben zusätzlich die Attraktivität der Straße erhöht. Ohne Zweifel stellt dies – nicht nur für US-amerikanische Verhältnisse – einen bemerkenswerten Versuch dar, die Transportfunktion und die Qualität des Raums miteinander zu verbinden, einen Versuch, der inzwischen auch auf anderen Hauptstraßen New Yorks Anwendung gefunden hat. Die Einbindung der Ansprüche aller Verkehrsteilnehmenden verändert nicht nur die lokale Straßengestaltung, sondern ermöglicht Wechselwirkungen mit dem gesamten Straßen- und Verkehrsnetz: Maßnahmen, etwa zum Ausbau des stadtweiten Fuß- und Radwegenetzes oder die im Jahr 2013 erfolgte Einführung von öffentlichen Leihfahrrädern (*Citibike NYC*), entfalten ihre Wirksamkeit nur in Zusammenhang mit innovativen gestalterischen Maßnahmen.

Übersicht der Projekte zur Straßen- und Platzumgestaltung in Manhattan (2013)
Quelle: Annika Levels

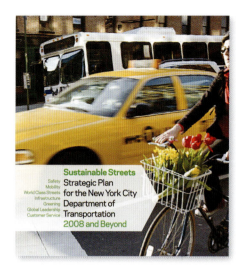

Der *Sustainable Streets Strategic Plan* von 2008 legt Prinzipien für Transport, Verkehr und Straßenraum fest.

Quelle: *Department of Transportation of New York City, 2008*

Ebenso hängen die lokalen Gestaltungsmöglichkeiten wesentlich von übergeordneten Entscheidungen zur Steuerung des Verkehrs ab. Trotz des Fokus der Planung auf lokale und gestalterische Eingriffe findet das Transport- und Verkehrssystem insgesamt ebenso viel Beachtung: Im *Sustainable Streets Strategic Plan* werden auch Ziele und Maßnahmen zur Reduzierung des motorisierten Individualverkehrs bei gleichzeitiger Optimierung des öffentlichen Nahverkehrs sowie Erhöhung des Fuß- und Radverkehrsanteils formuliert.

Die Reurbanisierung von Straßen in New York wird zu einem großen Teil durch freiraumplanerische Eingriffe betrieben. Die auf temporäre und kostengünstige Maßnahmen aufbauende Strategie des DOT hat nach eigenen Angaben nicht nur die Lebens- und Aufenthaltsqualität, sondern – im Zusammenspiel mit anderen Eingriffen – auch die Mobilität, die fahrrad- und fußverkehrstechnische Infrastruktur und die Verkehrssicherheit in der Stadt verbessert. Innerhalb relativ kurzer Zeit wurde ein lebendiges, für alle sichtbares Bild der Straße der Zukunft entworfen, das die Stadt zumindest punktuell schon deutlich verändert hat. Straßen wird damit eine große Bedeutung für die Produktion von Stadtbildern, urbanen Raumkonfigurationen und lebendigen Atmosphären zuteil. Sie sind sowohl wesentliches Ordnungssystem, entlang dessen die Menschen die Stadt erkunden und sich zu eigen machen können, als auch Orte dessen, was man heute gemeinhin unter Urbanität oder urbaner Lebensqualität versteht: Die Vielfältigkeit des urbanen Straßenlebens ermöglicht Alltägliches und Besonderes, Verweilen und Bewegen, Kontakt und Anonymität.[57] Dieses Potenzial zu fördern und damit die Lebensqualität in der Stadt zu erhöhen, ist wesentlicher Bestandteil der planerischen Ambitionen in New York.

Janette Sadik-Khan – Reinkarnation von Robert Moses?

Es bleibt allerdings abzuwarten, inwieweit diese noch jungen und leicht reversiblen Veränderungen von Dauer sind, wenn sich die politische Agenda oder Personalien in der Stadtverwaltung ändern. Denn – und auch das ist eine Besonderheit dieser Prozesse – die neuerliche Effizienz des DOT in Bezug auf diese Eingriffe wird in hohem Maße durch die Kommissionärin Janette Sadik-Khan und ihr rigoroses Durchgreifen im Sinne ihrer Ziele bestimmt. Ihr Amtsantritt

---

[57] Vgl. u. a. Lynch, Kevin (1989): Das Bild der Stadt, Bauwelt-Fundamente Stadtgestaltung, Stadterlebnis, Bd. 16, Braunschweig, Wiesbaden, 2. Aufl.; Gehl, Jan (2010): Cities for People, Washington, DC, Island Press; Jacobs, Jane (1993): Tod und Leben großer amerikanischer Städte. Bauwelt-Fundamente Stadtplanung, Bd. 4., Braunschweig, 3. Aufl.

im April 2007 markierte einen Wendepunkt sowohl in der politischen Ausrichtung des DOT als auch in der bloßen Quantität der gebauten Projekte. Von Kritikern wird gar der Vergleich mit Robert Moses herangezogen, der in der Region New York in den Zwanziger- bis Sechzigerjahren ein enormes System aus *Parkways*, *Highways* und Brücken bauen ließ und die Stadtregion so der sich stetig verbreitenden Autokultur anpasste. Durch geschickte Macht- und Geldakkumulation erlangte er eine umgreifende Entscheidungsmacht, die ein effizientes Vorgehen bei der Realisierung seiner Projekte ermöglichte. Die demokratische Legitimation blieb er dabei oft schuldig und noch heute wird ihm vorgeworfen, durch die Zerstörung bestehender Stadtstruktur und funktionierender Nachbarschaften maßgeblich zum Verfall New Yorks beigetragen zu haben.[58] Dennoch handelte er, wie auch Janette Sadik-Khan und mit ihr das DOT, nach zeitgenössischen stadtplanerischen Vorstellungen und Idealbildern, der festen Überzeugung folgend, das »Richtige« oder »Notwendige« zu tun.

Auch wenn die Maßnahmen heute in ihrer Dimension sicherlich nicht mit den Projekten von Robert Moses zu vergleichen sind, ist dieses planerische Selbstverständnis auch oder gerade in Zeiten des städtischen Wandels, zumal wenn er unter dem Schlagwort der Nachhaltigkeit stattfindet, zu hinterfragen. Die meisten Umbauten heute konzentrieren sich im südlichen Manhattan und werden nur langsam auch in anderen Bezirken implementiert. Das Potenzial vieler Straßen, die durch das standardisierte Auswahlraster der Programme des DOT fallen, bleibt ungenutzt. Die politische Vorgabe, das Stadtbild zu erneuern und daher die Projektumsetzung effektiver zu gestalten, schränkt demokratische Beteiligung und Dialoge im Planungsprozess, gestalterische Diversität und gesamtstädtischen räumlichen Zusammenhang ein – all dies sind aber wichtige Merkmale von Urbanität. Auch wenn viele Straßen New Yorks heute an urbaner und räumlicher Qualität gewonnen haben und in ihrer neuen Gestalt vor Ort meist akzeptiert werden, bleibt für eine weitere Reurbanisierung sowohl auf der Prozess- als auch auf der Umsetzungsebene vieles zu optimieren; und dazu gehört auch – abseits von »Effizienz« oder »Erfolg« –, das planerische Selbstverständnis in seinem politischen Kontext kritisch zu hinterfragen.

---

58 Vgl. u. a. Caro, Robert A. (1975): The Power Broker. Robert Moses and the Fall of New York, New York; Ballon, Hilary / Jackson, Kenneth T. (Hg.) (2007): Robert Moses and the Modern City. The Transformation of New York, in conjunction with the Exhibition Robert Moses and the Modern City. Remaking the Metropolis, Museum of the City of New York, January 27 through May 6, 2007 und www.loc.gov/catdir/toc/ecip074/2006037123.html; Berman, Marshall (1988): All That Is Solid Melts Into Air. The Experience of Modernity, New York.

Los Angeles: Boulevard Urbanism

Wolfgang Christ

Keine Stadt der Welt ist so nachhaltig von der Autokultur geprägt wie Los Angeles. Wer die Stadt nicht kennt, glaubt, das sei schon immer so gewesen und werde auch immer so sein. Für eine ganze Reihe von Urbanisten und Stadtplanern gilt Los Angeles als klare Antithese zur europäischen Stadt: ohne Zentrum und endlos wuchernd, funktional, sozial und ethnisch extrem segregiert, ohne klassischen öffentlichen Raum und öffentliches Verkehrssystem und nicht zuletzt ohne die leitende Kraft einer institutionellen Planung.[59] Dazu passt das gängige Bonmot, dass, wer in LA zu Fuß gehe, sich verdächtig machen würde. Die negative Einschätzung der Stadt wird in den populären Spielfilmen, Fernsehserien, Video- und Computerspielen eindrücklich gestützt. Der Schauplatz Los Angeles zeigt bevorzugt eine entsolidarisierte, gewalttätige Gesellschaft, deren einsame Individuen zudem auch noch ständig auf apokalyptische Katastrophen gefasst sein müssen. LA ist gleichwohl auch im Untergang stets fotogen.[60]

Das ikonografische Leitmotiv der Stadt ist die Straße. In der Fiktion wie in der Realität wird sie vom Auto beherrscht. Der Blick auf das Auto und der Blick aus dem Auto prägen die visuell codierte Identität der Stadt. Auch dort, wo es abwesend ist, etwa wenn der Parkplatz leer ist oder das Nachtbild die Stadt als ein endloses Lichtnetz widerspiegelt. Das Auto ist mehr als ein Beförderungsmittel. Es kann ebenso Schutzraum oder Waffe, Prothese oder Statussymbol sein. Vergleicht

Freeways bilden die zentrale Verkehrsinfrastruktur in der Region Los Angeles.
Foto: Xavier Marchant

---

59 Kummer, Tom (2000): Berlin hat das Zeug zur Antistadt. Wer in Los Angeles den Freeway nimmt, hat einen guten Blick auf Neukölln, Rudow und den Berliner Ring, in: Frankfurter Allgemeine Zeitung, Nr. 74, 28.03.2000, S. BS1.
60 Vennemann, Kevin (2012): Sunset Boulevard. Vom Filmen, Bauen und Sterben in Los Angeles, Berlin.

man LA-Filme mit solchen, die in San Francisco, New York oder in einer europäischen Stadt wie Paris oder Rom gedreht werden, dann fällt auf, dass Menschen und Autos darin ständig zirkulieren und dabei nie wirklich ankommen.[61]

Die Straßen von Los Angeles vermitteln den Eindruck eines anonymen infrastrukturellen Netzes, das nirgendwo anfängt und irgendwo hinführt. Straße und Raum sind sich fremd. Wir kennen dieses Bild als eine Botschaft der Moderne: In Los Angeles verschmelzen die flüchtigen Raumperspektiven in Le Corbusiers *Ville Radieuse* mit Frank Lloyd Wrights *Broadacre City*: Die Straße ist darin nichts weiter als ein Zwischenstück, ein Streckenabschnitt unter vielen. In der Sprache der Verkehrstechnologie geht es darum, den »Raumwiderstand« zu brechen. Fahren spielt sich nicht mehr im Kontext eines konkreten topologischen Raums ab, sondern in der abstrakten Dimension der Zeit. Zeit ist Geld und beides ist knapp. Im Alltag der Stadt zeigt sich rasch, dass der Mythos der Maschinen-Moderne gehörig bröckelt.

Wer sich, wie der Verfasser im Frühjahr 2013, mit dem Auto an einem beliebigen Nachmittag von Santa Monica an der Pazifikküste zum etwa 30 Kilometer entfernten Pasadena am Fuße der San Gabriel Mountains aufmacht, ist gut beraten, für die Fahrt auf dem *Freeway* eher drei als zwei Stunden einzuplanen. Denn tagein, tagaus geht es in fünf oder sechs Reihen im Schritttempo quer durch die Stadt. Die Ursache des permanenten Staus sind weder Unfälle noch Baustellen. Es ist allein die vor einem halben Jahrhundert gleichsam als Gründungsakt für die »Stadt der Zukunft« geschlossene innige Verbindung von Auto und Autobahn, die nun spürbar zerbricht.

Noch in den Siebzigerjahren pries der englische Kunsthistoriker Reyner Banham die *Freeways* als »Kunstwerke«, als »Grafik«, als »Monument« in der Stadt der Engel: »[…] the freeway system in its totality is now a single comprehensible place, a coherent state of mind, a complete way of life, the fourth ecology of the Angeleno.«[62] Das Magazin *Der Spiegel* zitierte 1982 einen amerikanischen Soziologen mit der Aussage: »Der Freeway ist das einzige, was die Bewohner von Los Angeles eint […]. Er repräsentiert, wofür wir stehen in dieser Welt. Der Freeway ist die Kathedrale dieser Zeit und dieser Stätte.«[63] Die *Los Angeles Times* verkündete auf ihrer Titelseite am 10. April

---

61 Thom, Anderson (2013): Los Angeles Plays Itself (Videoessay), URL: http://www.imdb.com/title/tt0379357 (24.03.2013).
62 Banham, Reyner (1971): Los Angeles. The Architecture of Four Ecologies, London, S. 213 ff.
63 Krüger, Karl-Heinz (1982): Die Freeways sind unsere Kathedralen, in: Der Spiegel, Nr. 52/1982, 27.12.1982, S. 114–119.

2013, was mittlerweile für die Bewohner und Pendler auf den etwa 1.100 Kilometern Autobahn innerhalb der Stadtregion zur frustrierenden Alltagserfahrung geworden ist: »Free way's the slow way.«[64] Als Stadtbaustein war die Autobahn von Anfang an umstritten. Ihre stadtzerstörerische Kraft wurde in den USA früh erkannt. Wutbürger gab es schon in den Fünfzigerjahren. Sie stoppten erfolgreich den Weiterbau der Stadtautobahn in San Francisco. Damit nahm die Geschichte der Bürgerinitiativen ihren Anfang in der Auseinandersetzung um Lebensqualität in der Stadt.[65] Doch erst das unmittelbare Versagen der (Stadt-)Autobahn in ihrer Rolle als zweckrational konzipierte Verkehrsinfrastruktur setzte einen Prozess in Gang, der in

Stau auf dem Freeway 405 Richtung Süden, Freitag 8 Uhr (2010)
Foto: Valentin Hadelich

64 Nelson, Laura J. (2013): Free way's the slow way, in: Los Angeles Times, 10.04.2013, S. A7.
65 Holtz Kay, Jane (1997): Asphalt Nation. How the Automobile Took Over America, and How We Can Take It Back, London, S. 250ff.

Links: Blick nach Süden über die Kreuzung Spring Street und First Street in Los Angeles (1902)
Rechts: zum Vergleich: Leipziger Straße in Berlin (1909)

Quelle: University of Southern California on behalf of the USC Special Collections (links); bpk (rechts)

Los Angeles einen Paradigmenwechsel im Verhältnis von Stadt und Mobilität einläutete. Doch wie so oft, wenn ein Zeitalter zu Ende geht, wird versucht, den unausweichlichen Systemwechsel so lange wie möglich hinauszuzögern. Obwohl klar ist: »The truth of the matter is, there aren't that many options left«,[66] wird am Bestand optimiert, werden Effizienzreserven erschlossen, vor allem aber werden neue Privilegien für den Verbleib im System versprochen.

Genau dies geschieht seit einem Jahr in einem Modellversuch unter dem Titel *FasTrak*: Bislang für Fahrgemeinschaften reservierte *Carpool-Lane*-Fahrspuren sind nun mautpflichtig für alle nutzbar, vorausgesetzt, man ist bereit, für die etwa 20 Kilometer lange Strecke etwa 15 Dollar zu zahlen. 135.000 Autofahrer akzeptierten die Offerte und halbierten so ihre Fahrzeit. Hunderttausende kommen dagegen langsamer denn je voran.[67]

Doch was ist die Alternative? Ist ein Systemwechsel überhaupt realistisch? Geht es dabei um das Auto an sich oder um die Autobahn im Besonderen? Die Chancen für einen Ausweg aus dem Dilemma einer alles beherrschenden, aber immer weniger brauchbaren technischen

---

66 Nelson, Laura J., a.a.O.
67 Ebenda.

Infrastruktur lassen sich aus einem typologischen Vergleich der historischen Entstehungsbedingungen mit den heute herrschenden Wirkkräften ableiten.

Ausgangspunkt der Entwicklung war Downtown. Dort wurde vom Anfang des 20. Jahrhunderts bis zum Ende der Sechzigerjahre Schritt für Schritt aus einem gründerzeitlich parzellierten, funktional kleinteilig gemischten Wohn-Büro-Handels-Gewerbe-Industrie-Kultur-Freizeit- und Verwaltungszentrum ein »reiner« *Central Business District* (CBD) geformt. Noch um 1900 fiel es schwer, die Spring Street in Los Angeles von der Leipziger Straße in Berlin zu unterscheiden. Mithilfe der erstmals 1916 in New York angewandten *Zoning*-Politik gelang es, alle die Finanzwirtschaft, den Einzelhandel und die Unterhaltungsindustrie störenden Nutzungen zu verdrängen – allen voran Wohnen und produzierendes Gewerbe. Ende der Fünfzigerjahre existierten in den USA bereits 700 CBDs. »They all were committed to converting the ailing urban core to a modern and efficient business center.«[68] Bereits in den Vierziger- und Fünfzigerjahren wurde eine Reihe von Gesetzen auf den Weg gebracht, die schließlich 1959 in ein *Downtown Renewal Program* mündeten. Der US-amerikanische Staat gab den Städten die finanziellen und rechtlichen Mittel in die Hand, Grundstücke und Immobilien mit dem Ziel zu erwerben, extensiv *land clearance* zu betreiben.

Die *Community Redevelopment Agency Los Angeles* (CRA) wurde gegründet.[69] Wie überall in den USA wurden die urban-komplex aufgebauten Downtown-Blöcke durch ein System aus suburbiatypischen CBD-»Superblocks« ersetzt. Anstelle einer abwechslungsreichen, zur Straße orientierten Bebauung, die den Straßenraum als eine verkehrlich multimodale Mitte und ein sozial integratives Medium begreift, entstanden monofunktionale Großbauten, einen ganzen oder sogar mehrere Blöcke ausfüllend und ausschließlich auf das Auto ausgerichtet. Der Haupteingang über die Tiefgarage führte ohne Kontakt zum öffentlichen Raum von der Auto-Zelle in die Büro-Zelle. Das Resultat war die Suburbanisierung des Stadtzentrums. Dutzende von flächensanierten Blöcken blieben gleichwohl leer und dienten als Parkplatz. Die Mitte sah aus wie der ausgefranste Rand. Die im großen Maßstab erwarteten Investitionen blieben für Jahrzehnte aus. Denn die Zukunft lag nicht mehr in der Mitte der Stadt, sondern in *Suburbia*, der Heimat der Superblocks.

---

68 Banerjee, Tridib / Loukaitou-Sideris, Anastasia (1998): Urban Design Downtown. Poetics and Politics of Form, London, S. 21.
69 Banerjee, Tridib / Loukaitou-Sideris, Anastasia: a. a. O., S. 23.

Baulücke zwischen Spring Street und Main Street nördlich der 3rd Street in Downtown Los Angeles (2010)
Foto: Wolfgang Christ

Downtown war nun kaputt und das »moderne« Neue blieb Fragment. Mit dem im Jahr 1956 vom US-amerikanischen Kongress beschlossenen *National Highway Trust Fund* stieß das Autozeitalter in eine neue Dimension vor und Los Angeles wurde endgültig zum Prototyp des modernen Stadtumbaus: Das typische Rastersystem US-amerikanischer Städte, das von der Mitte des 19. Jahrhunderts bis in die Vierzigerjahre des 20. Jahrhunderts in LA implantiert worden war, wurde fortan von einer Megastraßenfigur überlagert. Damit erfolgte eine komplette Umstrukturierung des Siedlungsraums. Das engmaschig flexible Rasternetz wurde vom breiten und starren Band der Autobahn dominiert. Eine staatlich finanzierte, geplante und kontrollierte Infrastruktur lag förmlich über der Stadt. *Freeways* zerschnitten Quartiere, verwüsteten die ökonomische Vielfalt, entwerteten Immobilien und beschleunigten die soziale und ethnische Entmischung.[70] Der *Central Business District* wurde nun von *Freeways* inselartig umschlossen, vom städtebaulichen Kontext isoliert, stattdessen mit den schnell wachsenden *Suburbs* und mit neu entstehenden CBDs, wie zum Beispiel *Century City*, effizient und komfortabel verbunden.

Anfang der Sechzigerjahre verschwand auch die Straßenbahn aus dem Stadtbild. Sie wurde nicht mehr gebraucht. Noch bis zur Jahrhundertmitte hatten die *Big Red Cars* der Pacific Electric Railroad Company mit dem mit 1.800 Kilometern längsten Straßenbahnnetz der Welt in einem Radius von etwa 60 Kilometern um Downtown die LA-Region versorgt. 600 Kilometer Schienennetz der städtischen *Yellow Cars* komplettierten das Netz des öffentlichen Verkehrs. Los Angeles war eine Stadt der *Street Car Boulevards*, der Fußgänger und zahlreicher urbaner Knoten an den Kreuzungspunkten des Schienennetzes – und findet heute zurück in die Zukunft.[71]

Renaissance der Boulevards

Das Konzept der Stadtautobahn basierte auf einer Planungs- und Stadtbaukultur der Mega-Bausteine, die funktional optimiert, räumlich separiert und von technokratisch ausgerichteten Institutionen *top down* exekutiert wurden. Die Autobahn ist notwendigerweise ein exklusiver Raum mitten im Gefüge der Megacity. Sie ist damit immer weniger anschlussfähig an die Bedürfnisse des 21. Jahrhunderts. Denn in der Blüte der Industriekultur war es undenkbar, dass eine Großgruppengesellschaft in einen Prozess der Individualisierung und

---

[70] Holtz Kay, Jane: a. a. O., S. 228.
[71] Fain, Wiliam H. Jr. (2012): If Cars Could Talk. Essays on Urbanism, Glendale, S. 76 ff.

Downtown im Freeway-Gürtel (2013)
Foto: Valentin Hadelich

Deregulierung eintritt, dass das Arbeiten nicht mehr in großen Konglomeraten stattfindet und einmal ganz selbstverständlich wieder mit Wohnen, aber auch mit Freizeit zusammenfallen könnte, dass Handel, Dienstleistung, Bildung, Kultur, Unterhaltung über nicht-physische, digitale Netzwerke für alle, jederzeit und überall zugänglich sein könnten und schließlich, dass sich soziale Beziehungen nicht mehr nur *face to face* abspielen, sondern virtuell gelebt werden. Los Angeles wandelt sich, weil die Gesellschaft auf neue existenzielle Bedingungen antworten muss, dabei neue Ziele anvisiert und vor allem neue Lebensstilmodelle ausprobiert. Die Stadt hat keine andere Wahl, als sich neu zu erfinden. Und sie ist so frei, dies auch zu tun.

Heute ist die quälend langsame Fahrt auf dem einstigen *Freeway* ein untrügliches Indiz für das Verlöschen der Leitbilder der funktionalistischen Moderne. Der Stillstand auf dem *Highway* steht in scharfem Kontrast zur ungebrochenen Vitalität der Stadt. Los Angeles schreibt gerade das letzte Kapitel in der Geschichte der Automoderne und schlägt zugleich ein neues Kapitel auf: Die Autobahn war gestern – der Boulevard ist morgen! Das Neue findet sichtbar Anschluss an das Los Angeles der *Street-Car*-Ära. Vielerorts erlebt die Boulevardkultur der Stadt eine spürbare Renaissance. Die Zeichen des Wandels sind unübersehbar. Das mögen sieben stichwortartig skizzierte Beobachtungen des Verfassers, die er bei einem dreiwöchigen Aufenthalt im Rahmen der *re:street Conference* im April 2013[72] machen konnte, unterstreichen:

1. Downtown ist zurück: Der CBD ist auf dem besten Weg zu einer *walkable Downtown*.[73] Seit der Jahrtausendwende sind etwa 35.000 Bewohner zugezogen. Jahrzehntelang leer stehende Lagerhäuser, Bürogebäude oder Warenhausbauten werden neu genutzt. *Loftliving* in Mitte konkurriert erfolgreich mit dem Eigenheim in *Suburbia*. Der Einwohnerzuwachs aus der US-amerikanischen Mittelschicht und der sogenannten kreativen Klasse schafft das Umfeld für die Rückkehr des hochwertigen Einzelhandels, der Hotels, Bars, Restaurants, Cafés etc. Künstlerateliers, Werkstätten, Architekturbüros finden bezahlbare Räume. Die kulturelle Mitte der Stadt profiliert sich wieder mit neuen Museen wie dem 2014 eröffnenden *Broad* und neuen öffentlichen Park- und Platzanlagen. Das Areal der Superblocks reichert sich mit kleinteiliger Mischnutzung an. Union Station wird um einen dritten Teil erweitert. Downtown wird wieder zum Knoten des regionalen Schienennetzes und lebt zunehmend als 24-Stunden-Stadt.

2. Die Schiene ist zurück: LA baut zurzeit an einem 500 Kilometer langen Straßenbahnnetz. 128 Stationen und Bahnhöfe müssen in den kommenden 20 Jahren errichtet werden. 30 Milliarden Dollar stehen zur Verfügung. Ende 2012 scheiterte eine Volksabstimmung für eine Aufstockung des Budgets auf 90 Milliarden Dollar bis zum Jahr 2069 nur äußerst knapp: 66,11 Prozent stimmten dafür und verfehlten das Quorum nur um ein halbes Prozent! 2014 wird die Straßenbahnlinie *Exposition Line* Santa Monica erreichen, so dass dann eine Bahnverbindung nach Downtown und Pasadena existiert. Parallel wird die U-Bahn weitergebaut. 2023 wird das LACMA-Kunstmuseum einen U-Bahn-Anschluss erhalten und der Schweizer Architekt Peter Zumthor soll den Erweiterungsbau als neuen Haupteingang gestalten.

---

72 Re:Street Conference (Hg.) (2013): The New Science of Streets and the Form of the Future City. Los Angeles, 05.–06.04.2013, URL: http://www.re-street.com (28.03.2013).
73 Banerjee, Tridib / Loukaitou-Sideris, Anastasia: a. a. O., S. 299.

Grand Park (www.grandparkla.org) in Downtown Los Angeles (2013)
Foto: Wolfgang Christ

3. Das *Small Business* ist zurück: Die technischen Potenziale des Internet befördern die Gründung und den Betrieb von Firmen, die, lokal verankert, weltweit agieren können. Zum Beispiel in einem ehemaligen Laden zwischen Kindergarten, Modegeschäft und Café am Santa Monica Boulevard, in dem Elektro-Skateboards für Erwachsene hergestellt werden, die auch nach Europa verkauft werden. Die infrastrukturelle Voraussetzung für kleine Unternehmen ist offensichtlich eine abwechslungsreiche und damit kreativitätsfördernde Nachbarschaft sowie das typische Dienstleistungsangebot eines urbanen Standorts.

4. *Street Shopping* ist zurück: *Paseo Colorado*, *The Grove* und *The Americana at Brand* inszenieren als offene Shoppingcenter eine urbane Einkaufs- und Flanieratmosphäre. Auch wenn sie als private »Freizeitinseln« auftreten, sind sie doch ein Symptom für die Renaissance der Straße als Medium des Einkaufens. Entlang der Avenues

Samstagvormittag, Juicebox (www.juiceboxlosangeles.com) in der Abbot Kinney Road, Venice (2013)
Foto: Wolfgang Christ

Wohn-Geschäftshaus Ecke Broadway/ 6th Street in Santa Monica (2013)
Foto: Wolfgang Christ

und Boulevards braucht es nur eine Initialzündung etwa in Gestalt eines außergewöhnlich guten Restaurants oder ausgefallenen Ladenkonzepts, um zur Shopping-Adresse zu werden. Die Standardisierung des Warenangebots schafft Raum für kreative, individuelle, eigentümergeführte Shops und Dienstleistungsbetriebe. Die Abbot Kinney Road in Venice ist ein Beispiel unter vielen für die schrittweise Urbanisierung einer Straße im Meilenraster der Stadt. Ein sicherer Indikator für attraktive Lagen sind *Food Trucks*, die überall dort auftauchen, wo sich Straßenkundschaft trifft.

5. *Urban Living* ist zurück: Das *Paseo* beherbergt ebenso wie das *Americana* mehrere Hundert Eigentumswohnungen. Wohnen in einem Center, das einem Gründerzeitblock gleicht, ist heute in LA marktgängig. Vor etwa 20 Jahren startete der *Congress for the New Urbanism* (CNU) mit dem Ziel, US-Amerikaner wieder mit der traditionellen Stadtkultur und dem Leben »mittendrin« in Einklang zu bringen. *Sustainable Urbanism*, *Mixed Use Development*, *Transit Oriented Development* sind heute anerkannte Standards urbaner Qualität. Die Krise der Hausfinanzierung hat *Suburbia* schwer getroffen. Die städtebaulich integrierten Lagen, vor allem in Downtown, erweisen sich als stabile Kapitalanlage. In Santa Monica sind mehr als zwei Dutzend Apartmentprojekte, zum Teil von Blockgröße, im Bau, bei denen die Stadt auf einen Parkplatznachweis verzichtet.[74]

6. Radfahren ist zurück: »Every Lane is a Bike Lane« lautet die Botschaft auf den *Billboards* am Straßenrand in LA. Man kommt mit dem Rad oft nicht nur schneller voran als mit dem Auto, das Fahrrad löst gerade das Auto als Lifestyle-Objekt in der Jugendszene ab. Die notwendige Infrastruktur mit Radwegen und Radläden wächst rapide. So befinden sich in dem seit 2010 zur 3rd Street Promenade hin offenen Santa Monica Place an zwei Blockecken große Bike Shops, die Räder verkaufen, verleihen und reparieren. 2012 wurde der Ocean Boulevard in Santa Monica, der in den Sechzigerjahren im Zuge des *Urban Renewal* autobahnbreit ausgebaut worden war, in einem ersten Teilabschnitt modellhaft zur *Complete Green Street* mit zwei statt vier Fahrspuren und je einer Radspur umgebaut.[75] Los Angeles legt zurzeit etwa 2.000 Kilometer Radwege neu an.

74 Archibald, Ashley (2013): Community divided over Downtown's Future, in: Santa Monica Daily Press, 07.05.2013.
75 City of Santa Monica: Ocean Park Boulevard. Complete Green Street, URL: www.smgov.net/bebp/project.aspx?id=26157 (28.03.2013).

7. Das Zufußgehen ist zurück: Je mehr Menschen wieder in die städtischen Zentren zurückkehren, je stärker Dienstleistungen und Einzelhandel vor Ort nachgefragt werden und je attraktiver die Aufenthaltsqualität im öffentlichen Raum ist, desto sicherer und angenehmer ist es, zu Fuß zu gehen. Fußgänger profitieren sichtbar von der Abnahme schaufensterloser Erdgeschosszonen, der Schließung von Baulücken und einer Humanisierung der Straßenraumquerschnitte durch reduzierte Fahrspuren, Radspuren, Anlage von Alleen, hochwertige Gestaltung von Haltestellen usw. In Verbindung mit der wachsenden Wohnbevölkerung in den Zentren entsteht eine einladende Stadtatmosphäre. Die Stadt Los Angeles unterstützt die Entwicklung mit eigenen *Pedestrian Coordinators*. Zu Fuß gehen wird wieder zum individuellen Auftritt auf der Bühne des öffentlichen Raums, ganz nach dem Motto »Sehen und Gesehenwerden«.

Ocean Boulevard, umgestaltet nach Plänen von John Kaliski Architects (www.johnkaliski.com) (2013)
Foto: Wolfgang Christ

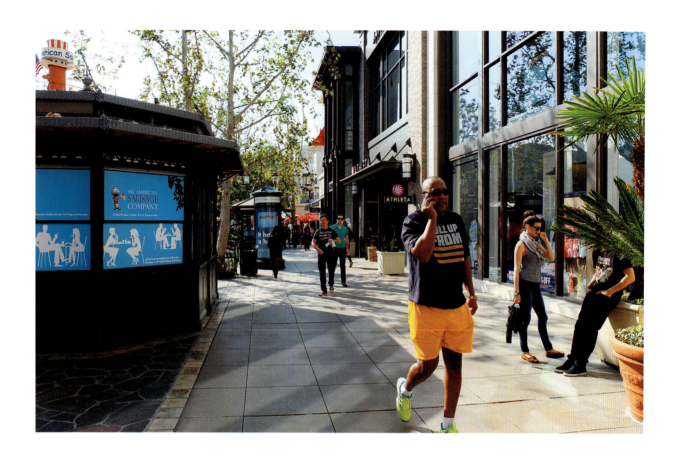

The Grove (www.thegrovela.com): »Where L.A. comes together« (2013)
Foto: Wolfgang Christ

Von der »Automoderne« zur »Applemoderne«

Los Angeles ist ein lehrreiches Fallbeispiel für den aktuellen Umbruch von der »Automoderne« zur »Applemoderne«. Was die Beobachtung so spannend macht, ist die Radikalität, mit der Los Angeles im 20. Jahrhundert als »Stadt der Zukunft« geformt wurde, und die Frage, ob und wie ein Ausstieg aus dieser Moderne möglich ist.

Drei Kräfte haben die Stadt geprägt und alle drei erweisen sich heute als untauglich: die Mitte als reiner *Central Business District*, *Suburbia* als reine Wohnstadt und die Autobahn als reine Schnellstraße. Es zeigt sich, dass Stadt und Straße nur dann funktionieren, wenn sie gemeinsame Werte teilen. Und dass die Straße ein machtvolles Instrument ist, um – wie auch immer – Stadt zu bauen.

Mit dem Smartphone und dem Internet existiert heute eine zu Auto und Autobahn äquivalente Infrastruktur. Die Folgen für die

Stadtentwicklung werden aller Voraussicht nach ebenso tief greifend sein: Die digitalen Werkzeuge versetzen uns in die Lage, dezentralisierte, kleinteilige, individualisierte und zugleich komplex aufgebaute Strukturen zu entwickeln. Also das Gegenteil von dem, was im Industriezeitalter Standard war.

Im Informationszeitalter kann zum Beispiel Fachkompetenz demokratisiert werden. Der Zugang zu Wissen macht *bottom-up*-Planungsprozesse notwendig und sinnvoll. Bürgerinitiativen sind daher treibende Kräfte beim Umbau der Boulevards. Die Rekonstruktion der »klassischen« Verbindung aus Boulevard, Straßen- oder U-Bahn mit Rad- und Fußgängerverkehr und deren Ergänzung beispielsweise mit *Car Sharing* führt zu einer völlig neuen Servicequalität, indem etwa mit dem Smartphone individuell optimierte Netzverbindungen angezeigt werden können. Der Stadtraum kann flexibel und frei wie nie navigiert werden. Die Social-Media-Netze integrieren den urbanen Raum nach den Bedürfnissen der Nutzer. Dabei erweisen sich die Boulevards als idealer gebauter, urbaner Komplementärraum. Christopher Hawthorne, Architekturkritiker der *Los Angeles Times*, resümierte in seiner Reportage *On the Boulevards* am 25. September 2012: »If you take a long view of Los Angeles history, you might conclude that it is the cars-and-cars only era that will turn to be anomaly, the blip on the civic timeline.«

»engaging community. creating beauty«,
The Argonaut, 21.03.2013
Quelle: Southland Publishing

Ausblick

Radial Urbanism
(Re-)Urbanisierung der Hauptstraßen der Großstadt

Think Berl!n (Aljoscha Hofmann, Cordelia Polinna, Jana Richter, Johanna Schlaack) / Harald Bodenschatz

Im Mai 2013 trafen sich der Berliner Stadtentwicklungssenator Michael Müller und der Bundesverkehrsminister Peter Ramsauer in Berlin zum Spatenstich für die umstrittene Verlängerung der Berliner Stadtautobahn A 100 vom Autobahnkreuz Neukölln zur Frankfurter Allee.[76] Umstritten war dieses Projekt nicht nur, weil der gut drei Kilometer lange 16. Bauabschnitt mit derzeit geschätzt rund 500 Millionen Euro Kosten das bislang teuerste deutsche Autobahnstück wird, sondern auch, weil die Planungen vielen Kommentatoren als ein Produkt einer überkommenen Mobilitätsvorstellung anmuten. Anstatt den drängenden Herausforderungen für alternative Mobilitätsformen des 21. Jahrhunderts zu begegnen, erinnert dieses Vorhaben an die Projekte von Robert Moses, der während des zweiten Drittels des 20. Jahrhunderts riesige Highways durch dichte Wohnquartiere in Manhattan, Brooklyn und Queens schlagen ließ.

Der Streit um die Stadtautobahn A 100 zeigt vor allem eines: Die Kluft zwischen den Befürwortern des Automobils als wichtigster Prothese individueller Fortbewegung und den Gegnern der autogerechten Stadt könnte kaum größer sein. Bereits im Herbst 2011 scheiterten die Koalitionsgespräche zwischen der SPD und Bündnis 90/Die Grünen nach der Wahl zum Berliner Abgeordnetenhaus unter anderem an diesem Streitthema.[77] Die Verlängerung der Stadtautobahn wird mit

---

76 Loy, Thomas (2013): Verlängerung der Stadtautobahn. Bund will 80 Millionen Euro in Ausbau der A 100 investieren, in: Der Tagesspiegel, 08.05.2013.
77 Spiegel Online (2011): Verhandlungen in Berlin: Wowereit lässt Koalitionsgespräche mit Grünen platzen, 05.10.2011, URL: http://www.spiegel.de/politik/deutschland/verhandlungen-in-berlin-wowereit-laesst-koalitionsgespraeche-mit-gruenen-platzen-a-790046.html (29.05.2013).

der wirtschaftlichen Weiterentwicklung Berlins begründet. Dennoch müsse »niemand Angst [...] haben, dass nun die ›autogerechte Stadt‹ komme«, beruhigte der zuständige Senator Michael Müller und sprach davon, dass die anderen Verkehrsarten, Rad- und Fußverkehr sowie der öffentliche Nahverkehr, die »zu einer ›lebendigen Stadt‹ gehöre[n], [...] gleichberechtigt behandelt« werden.[78] Unabhängig von der stadtpolitischen Bewertung dieser Verkehrskonzepte ist in Fachkreisen unstrittig, dass mit der Verlängerung eine im Kern stadtunverträgliche Infrastruktur gestärkt und neu geschaffen wird, die nicht nur eine massive Barriere im Stadtgefüge und unattraktive Lagen erzeugt, sondern auch in Produktion, Unterhalt wie eventuellem Rückbau eine kostenintensive und städtebaulich äußerst starre Struktur darstellt. Dies vor dem Hintergrund, dass die nötigen Gelder etwa für den Rückbau der autogerechten Bundesallee und der dortigen Tunnelanlagen auf absehbare Zeit nicht zur Verfügung stehen werden.

So sehr Berlin mit diesem Bauvorhaben einem vergangenen Leitbild anzuhängen scheint, so deutlich sind jedoch in der Bundeshauptstadt und anderswo die Vorboten einer neuen Mobilität sichtbar. Deutschlandweit stiegen die Zahlen der Nutzer sogenannter *free floating* Carsharing-Angebote, die nicht stationsgebunden sind, im Jahr 2012 von 37.000 auf 183.000.[79] Der Anteil der per Fahrrad zurückgelegten Wege erhöhte sich in den Berliner Innenstadtbezirken auf Werte zwischen 20 und 30 Prozent und liegt damit vor dem Automobil.[80] Deutlich zugenommen hat auch der Nutzeranteil des öffentlichen Nahverkehrs. Immer weniger junge Menschen bemühen sich überhaupt noch um einen Führerschein, stattdessen sind das schicke Rennrad, das Smartphone oder andere Accessoires für das eigene Selbstverständnis wichtig. Das Auto hat als Statussymbol für die Zugehörigkeit zur Mittelschicht oder eher noch zur »kreativen Klasse« sichtbar ausgedient – jedenfalls in den Kernstädten. Der aktuelle Stadtentwicklungsplan Verkehr verschiebt gegenüber älteren Versionen die Prioritäten noch einmal deutlich in Richtung Förderung von Rad- und Fußgängerverkehr[81] – auch wenn Konzepte zur Finanzierung und Umsetzung eine andere Sprache sprechen.

---

78 Michael Müller zitiert nach Loy, Thomas (2013).
79 Manager Magazin Online (2013): Zahl der Carsharing-Nutzer steigt sprunghaft an, 26.02.2013, URL: http://www.manager-magazin.de/unternehmen/autoindustrie/a-885717.html (23.07.2013).
80 BUND Berlin e. V. (2013): BUND-Bilanz: Radverkehr in Berlin 2013 (Pressemitteilung vom 19.03.2013), URL: http://www.bund-berlin.de/index.php?id=936&no_cache=1&tx_ttnews[pointer]=1&tx_ttnews[tt_news]=485&tx_ttnews[backPid]=447&cHash=e02c4141 43262871868728a711176ab1 (29.05.2013).
81 Senatsverwaltung für Stadtentwicklung Berlin (2011): Stadtentwicklungsplan Verkehr 2.0, Berlin.

Lernen vom Ausland?

Resümierend betrachtet schneidet Berlin jedoch nicht ganz so fortschrittlich wie einige der diskutierten internationalen Beispiele ab. New York schreitet mit dem Rahmenplan *Green Light for Midtown* in großen Schritten zu einem neuen Verständnis von Verkehrsplanung, das die Qualitäten des öffentlichen Raums für alle Nutzer gleichberechtigt in den Blick nimmt. Die Maßnahmen sind oft einfach, günstig und temporär angelegt und sie entstehen fast über Nacht. Diese Strategie, gekoppelt mit einem – die positiven Aspekte transportierenden – aufwendigen Medienrummel, erscheint sinnvoll. Die hohe bauliche wie mediale Sichtbarkeit der Projekte verleitet zum Staunen. Mit mobilen Pflanzkübeln, ein paar Eimern Farbe und Bistrostühlen wurden vormals durch das Automobil dominierte Räume wie der touristisch bedeutsame Times Square hinsichtlich neuer urbaner Qualitäten getestet. Die leichte Reversibilität der Projekte, bedingt durch die baulich minimal invasiven Eingriffe, birgt aber die Gefahr der Kurzlebigkeit, die für die einmal gebaute Stadtautobahn nicht gilt. Sollte sich der politische Wind in New York wenden und das Automobil wieder Auftrieb erhalten, so sind die Straßen ungleich schnell wieder zu öffnen. Zudem verhindern die starren Projektbedingungen und Entscheidungsprozesse eine breite Beteiligung unterschiedlicher Stadtakteure und die Maßnahmen sind vor dem Hintergrund des von der Kommissionärin Janette Sadik-Khan betriebenen Politikstils aus dem Blickwinkel einer neuen Partizipations- und Entscheidungskultur kritisch zu betrachten.
Ähnlich drastisch wie die Trendwende in New York gestaltet sich die Rückwärtsrolle in Los Angeles. War Los Angeles als Berlins Partnerstadt ab 1967 noch Vorbild für den autogerechten Umbau, scheint man in Berlin angesichts der Verlängerung der A 100 die jüngsten Entwicklungen in Los Angeles nicht verfolgt zu haben: Dort vollzieht sich eine beeindruckende Kehrtwende in der Verkehrspolitik. 500 Kilometer neue Straßenbahnstrecken und 2.000 Kilometer neue Radwege verdeutlichen die zunehmende Abkehr vom Automobil, die sich Los Angeles für die kommenden Jahre vorgenommen hat, auch wenn das Automobil noch immer das wichtigste Verkehrsmittel ist. Zwar hat kaum eine andere Stadt so radikal ihr vorhandenes System des öffentlichen Nahverkehrs zurückgebaut wie Los Angeles, jetzt vollzieht sich aber mit bemerkenswerter Dynamik ein erneuter Richtungswechsel.
Die beiden US-amerikanischen Beispiele zeigen allerdings deutlich, dass zunächst die Innenstadt in den Blick genommen wird. Relativ dicht bebaute Stadtteile werden mit international bewährten Mitteln

und Instrumenten für die Urbanität des 21. Jahrhunderts nachgerüstet – auch wenn die Ausgangsposition kaum mit der in europäischen Städten vergleichbar ist und offenkundig Aufholbedarf besteht. Die Umsetzung dieser Maßnahmenpakete ist in New York, einer vergleichsweise europäisch anmutenden Stadt, noch weit weniger verwunderlich als im stark zersiedelten Los Angeles. Vor allem im Alltag der US-amerikanischen *Suburbia* erweist sich aber die Veränderung des Mobilitätsverhaltens noch äußerst moderat. Dennoch ist zu beobachten, dass sich das US-amerikanische Mobilitätsverhalten insgesamt ändert. So ist die Zahl der in den USA gefahrenen Meilen seit Juni 2005 Jahr für Jahr bis auf den Stand von 1995 gesunken.[82] Die in den USA bislang umgesetzten Projekte zeigen, dass ein Wandel, ein Umdenken grundsätzlich möglich ist – und das in einer äußerst automobilorientierten Gesellschaft und trotz eingeschränkter Steuerungsmöglichkeiten der öffentlichen Hand.[83]

Schaut man auf den europäischen Raum, so zeigt sich, dass die Aufgaben weniger im Innenstadtbereich liegen als in der »Außenstadt«. Vor allem in den Stadtzentren ist die fußgängerfreundliche Gestaltung der öffentlichen Räume fortgeschritten, aber auch große Teile der kompakten, urbanen Stadterweiterungen aus der Zeit vor dem Ersten Weltkrieg präsentieren sich schon längst nicht mehr so autogerecht wie in der unmittelbaren Nachkriegszeit. Kaum aber sind diese Stadtteile überwunden, übernimmt das Automobil wieder das Kommando und die Hilflosigkeit der Planer wird offensichtlich.

Das Beispiel Wien verdeutlicht, dass als erster Schritt ein offener Blick auf die Räume entlang der großen Ausfallstraßen hilfreich sein kann, um deren Probleme, aber auch ihre versteckte Qualitäten zu entdecken. Mittelfristig können dann mögliche Veränderungen mit temporären und kostengünstigen Maßnahmen getestet werden. Schließlich können Projekte folgen, die nach und nach neue urbane Mobilitätsformen auch wirklich »zementieren« und nachhaltig implementieren. Im Großraum Paris wird in diesem Sinne die Straßenbahn als Katalysator für eine Urbanisierung der Boulevards auch in Stadtrandgebieten genutzt.

---

[82] Short, Doug (2013): Vehicle Miles Driven: Population-Adjusted Hits Yet Another Post-Crisis Low, URL: http://advisorperspectives.com/dshort/updates/DOT-Miles-Driven.php (29.05.2013).

[83] Ein zentrales Beispiel für diesen Wandel ist die US-amerikanische Initiative *Complete Streets*, die versucht, die »unvollständigen« Straßen in vielen Kommunen, die keine Bürgersteige, Radwege oder Fußgängerübergänge aufweisen, so umzugestalten, dass sie fußgänger- und radfahrerfreundlicher sind und auch dem öffentlichen Nahverkehr bessere Bedingungen bieten. Vgl. URL: http://www.smartgrowthamerica.org/complete-streets (26.07.2013).

Das Beispiel London zeigt, dass es bei der (Re-)Urbanisierung von Hauptstraßen nicht nur darauf ankommt, Lösungsmöglichkeiten für postfossile Mobilität zu konzipieren und diese mit hoher gestalterischer Qualität umzusetzen, sondern dass dafür auch geeignete planerische Instrumente und Prozesse zu entwickeln sind. Mit Unterstützung der bis Frühjahr 2013 bestehenden strategischen Städtebauabteilung des Londoner Bürgermeisters, *Design for London*, gelang bei vielen Projekten eine integrierte Sichtweise auf Städtebau, Verkehrsplanung und Gestaltung öffentlicher Räume. Ohnehin geplante Infrastruktur- und Verkehrsprojekte sowie Tiefbaumaßnahmen wurden geschickt so erweitert, dass aus ihnen umfassendere Projekte mit größerer Ausstrahlungskraft auf das gesamte Quartier wurden und Synergieeffekte für die Aufenthaltsqualität öffentlicher Räume oder die Entwicklung von Stadtteilzentren zum Tragen kamen. Deutlich wurde bei den Londoner Projekten zudem, dass nicht nur ein enger Verkehrskorridor betrachtet werden darf, wenn eine (Re-)Urbanisierung der Hauptstraßen erzielt werden soll, sondern dass auch die an die Straßen »angehängten« Quartiere zu berücksichtigen und in ihren städtebaulichen wie funktionalen Verknüpfungen zu stärken sind.

Allen Städten gemein ist, dass die Umgestaltung der über Nachbarschafts-, Bezirks- und Stadtgrenzen verlaufenden Straßen das Zusammenwirken vielfältigster Akteure erfordert. Verwaltungen unterschiedlicher räumlicher Ebenen und sektoraler Abteilungen, lokale zivilgesellschaftliche Akteure, Initiativen und Vertreter der Bereiche Verkehr, Einzelhandel oder Tourismus, Vertreter der an den Radialstraßen liegenden Kultur- und Bildungseinrichtungen sowie natürlich die Anwohner, Immobilieneigentümer und Gewerbetreibenden sollten die (Re-)Urbanisierung der Straßen gemeinsam forcieren und aushandeln. Solche Prozesse können auch dazu beitragen, Innenstadt und äußere Stadt wieder stärker miteinander zu verknüpfen, dem Zerfall der Stadtregion in isolierte, introvertierte Kieze entgegenzuwirken und die polyzentrale, vernetzte Stadtregion zu stärken. Klar ist, dass heute die öffentliche Hand nicht mehr als alleiniger Regisseur einer nachhaltigen (Re-)Urbanisierung der Hauptstraßen fungieren und diese auch nicht allein finanzieren kann. Zwar zeigen vor allem die internationalen Beispiele, wie einzelne Projekte mit geringen öffentlichen Ressourcen erfolgreich umgesetzt werden können. Und mit der Initiative zur Umgestaltung des Bundesplatzes wird auch in Berlin deutlich, wie ein zivilgesellschaftlicher Akteur erfolgreich Druck für die fußgängerfreundliche Umgestaltung eines großen »Autoplatzes« aufbauen kann. Trotzdem ist die Frage der Steuerung und Finanzierung des Umbaus von Straßen, Plätzen oder Quartieren noch weitgehend ungeklärt.

Aufgabe: Entwicklung einer nachhaltigen Mobilität (2011)

Quelle: Sophie Jahnke (für Planungsgruppe DASS/Polinna Hauck Landscape + Urbanism)

Bausteine des Radial Urbanism

Wie können jedoch konkret Projekte aussehen, die in Berlin und anderswo zu einer (Re-)Urbanisierung der Radialstraßen beitragen? Die miteinander zu vernetzenden strategischen Aufgaben »Umgang mit dem autogerechten städtebaulichen Bestand« sowie »Förderung einer neuen nachhaltigen Mobilität« lassen eine große Bandbreite von Projekten zu. Entscheidend ist eine Erweiterung der räumlichen Dimension – über isolierte lokale Projekte hinaus, auch über die Innenstadt hinaus, hin zur gesamten Stadtregion. Die Herausforderungen der kommenden Jahre hinsichtlich der Hauptstraßen lassen sich grob in fünf Bausteine des *Radial Urbanism* gliedern: Urbane Mobilität, Öffentlicher Raum, Knoten und Zentren, Großstrukturen des 20. Jahrhunderts und Suburbane Peripherie.

Urbane Mobilität
- Start von Pilotprojekten für nachhaltige Mobilitätsformen, die eine bessere Balance der Verkehrsarten zum Ziel haben;
- Minderung der Barrierewirkung der Radialstraßen und großer Verkehrsinfrastrukturen im Umfeld, etwa der S-Bahntrassen und der Autobahnen beziehungsweise der autobahnartig ausgebauten Bundesstraßen an der großstädtischen Peripherie;

- Verbesserung der räumlichen und visuellen Anbindung von Fuß- und Radverkehr mit Stationen des öffentlichen Nahverkehrs.

Öffentlicher Raum
- Gestalterische und funktionale Qualifizierung von an den Radialstraßen liegenden Plätzen und Parks;
- gestalterische und funktionale Verbesserung der Flächen für Fußgänger und Radfahrer sowie die Schaffung neuer Verbindungen;
- Anbindung der Räume für Fußgänger und Radfahrer an regionale und lokal wichtige »Grün- und Blauzüge«, etwa an Kanäle;
- Entwicklung von Lösungsansätzen für den Themenkomplex Adaption und Mitigation des Klimawandels an den spezifischen Raumtypen entlang der Radialstraßen.

Knoten und Zentren
- Projekte in Stadtteilzentren und lokalen Nahversorgungszentren zur Stärkung der polyzentralen Struktur;
- Projekte zur Wiederentdeckung und Stärkung historischer Dorfkerne und lokaler Zentren;
- Entwicklung von Konzepten für Knotenpunkte zwischen Radialstraße, Stadtbautobahn, S-Bahn, Kanal, anderen Hauptverkehrsstraßen etc., wodurch einerseits die Potenziale von attraktiven Wasserlagen

Aufgabe: Umgang mit dem Bestand der autogerechten Stadt (2011)
Quelle: Sophie Jahnke (für Planungsgruppe DASS / Polinna Hauck Landscape + Urbanism)

oder exzellenter infrastruktureller Erschließung besser genutzt und andererseits städtebaulich problematische Situationen wie Autobahnüberführungen entschärft werden sollen;
· Konzentration von sozialen und kulturellen Infrastruktureinrichtungen an den Radialstraßen;
· städtebauliche Markierung von wichtigen Kreuzungspunkten.

Großstrukturen des 20. Jahrhunderts
· Temporäre und langfristige Nach- und Umnutzungskonzepte für leer stehende Gewerbe- und Industriehallen, Kaufhäuser, Markthallen, Postämter, Schulen, Kraftwerke, Flughafengebäude, Bürogebäude etc.;
· Entwicklung von Perspektiven für Großsiedlungen in Bezug auf funktionale und soziale Diversifizierung, gestalterische Aufwertung und deren »Klimagerechtigkeit« durch temporäre und langfristige Maßnahmen.

Suburbane Peripherie
· Qualifizierung und Nachverdichtung der suburbanen Strukturen entlang der Radialstraßen;
· Entwicklung von Ideen für den Umgang mit großflächigem autoabhängigem Gewerbe, mit »Kisten« und mit typischen »Strip«-Nutzungen;
· Gestaltung der Übergänge zu den autobahnartig ausgebauten Bundesstraßen an der großstädtischen Peripherie;
· Gestaltung der »Eingänge in die Stadt« beziehungsweise in die Innenstadt und von Raumsequenzen.

Towards a Radial Urbanism

Ziel eines Programms der (Re-)Urbanisierung von Hauptstraßen sind attraktive, unterscheidbare öffentliche Räume, die keineswegs Fußgängerzonen sind, sondern unterschiedlichen Verkehrsarten dienen: dem öffentlichen Verkehr, dem Fahrradverkehr, dem modifizierten Pkw-Verkehr, aber auch und in ganz neuem Umfang dem Verkehr der Fußgänger. Hauptgegenstand wäre also eine Umgestaltung des öffentlichen Raums.
Natürlich sind auch die Gebäude wichtig. Vor allem geht es um die Umnutzung von Gebäuden, die nicht mehr in Gebrauch sind, etwa ehemalige Postämter und Kaufhäuser, aber auch um den einen oder anderen Neubau. Zu überlegen wäre, wie wichtige öffentliche und gemeinschaftliche Einrichtungen, etwa Bibliotheken, Volkshochschulen

oder Familienzentren, wieder stärker an der Hauptstraße zu konzentrieren sind, denn diese Straßenzüge sind bereits jetzt hervorragend erschlossen und werden intensiv genutzt. Die Hauptstraßen mit ihren markanten Gebäuden sind auch eine potenzielle Adresse für den Stadttourismus. Was gern übersehen wird: Die Hauptstraßen dienten und dienen immer noch dem Wohnen. Das Wohn- und Geschäftshaus ist ein ausgesprochen urbaner Bautyp, der heute wieder neu interpretiert werden muss.

Bei der Entwicklung eines Programms zur (Re-)Urbanisierung der Hauptstraßen darf der Unterschied zwischen innerstädtischer und peripherer Hauptstraße nicht vergessen werden. Von einer Reurbanisierung kann eigentlich nur in der Innenstadt gesprochen werden, an der städtischen Peripherie gab es bislang keine urbanen Hauptstraßen. Eine simple Fortsetzung des innerstädtischen Typs ist hier nicht angemessen. Große Teile der Außenstadt lagen in den vergangenen 20 Jahren nicht im Fokus städtebaulicher und öffentlicher Aufmerksamkeit. Das anhaltende Wachstum der Stadtregionen bietet jedoch die Chance, die autogerechte »innere Peripherie« zu urbanisieren und die problematischen städtebaulichen Strukturen gestalterisch wie funktional zu verbessern. Wie eine solche Nachverdichtung aussehen kann, ist weitestgehend unklar – in Berlin ebenso wie im internationalen Kontext. Die Urbanisierung der inneren Peripherie kann aber nur gelingen, wenn sie nicht als isolierte Aufgabe betrachtet wird. Sie erfordert außerordentliche ökonomische, soziale und (bau-)kulturelle Sensibilität. Zudem muss diskutiert werden, was unter dem Begriff »Urbanisierung« hier zu verstehen ist. Welche Werte und Qualitäten des »Urbanen« sollen und können auf die innere Peripherie übertragen werden, welche eigenen und neuen Qualitäten dieser Räume müssen gestärkt und entwickelt werden?

Neue zentrale Einrichtungen entlang der Hauptstraßen müssen die Siedlungszentren abseits der Hauptstraßen respektieren. Auf der anderen Seite ist es aber auch wenig nachhaltig, die introvertierte, autogerechte Siedlungsstruktur umstandslos zu akzeptieren und damit die Ausfallstraßen für immer als Autoerschließungstrassen festzuschreiben. Im Zeitalter wachsender ökologischer und ökonomischer Verwerfungen und Krisen kann im Sinne eines flexiblen und robusten Stadtsystems eine rückwärtsgewandte Orientierung nur auf einen Verkehrsträger, etwa das Automobil, nicht nachhaltig zukunftsfähig sein. Die Hauptstraßen als Rückgrat, Versorgungs- und Lebensadern der Stadtregionen sollten dieses neue Planungsverständnis mit ihren Orten (Stadtteilzentren, Knoten etc.) in überzeugender Weise widerspiegeln. Denn entlang dieser Straßen finden sich

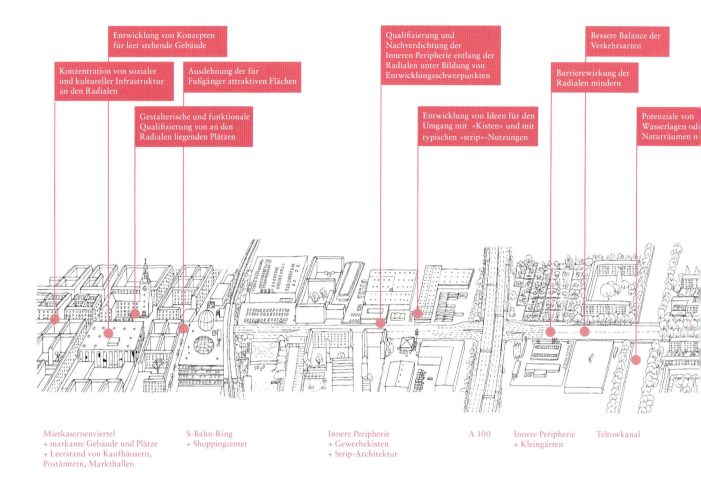

erhebliche Entwicklungspotenziale einer nachhaltigen Stadtregion. Sicher ist eine durchgängige Urbanisierung kein realistisches Ziel. In bestimmten Abschnitten, an Orten von überlokaler Bedeutung, an wichtigen Kreuzungen, in der Nähe wichtiger Haltestellen des öffentlichen Verkehrs, in der Nähe von größeren Siedlungen ist aber eine Nachverdichtung wünschenswert.

Die (Re-)Urbanisierung der Radialstraßen ist eine der großen Aufgaben des Städtebaus von morgen: Sie kann dazu beitragen, dem Zerfall der Stadtregion zu begegnen, lokale Zentren zu stärken und die Freunde der »Innenstadt« wie der »Außenstadt« an einen Tisch zu

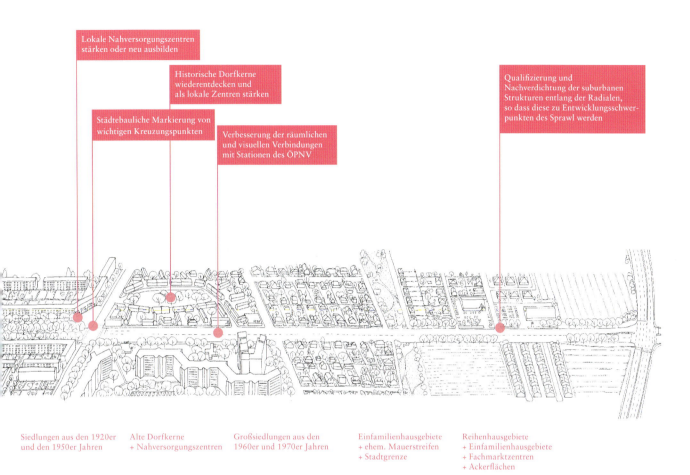

Schematische Darstellung einer Berliner Radialstraße

Quelle: Think Berl!n / Zeichnung: Thomas Hauck

bringen. Durch einen stadtregionalen Städtebau, *Radial Urbanism*, kann das verborgene Potenzial der Radialstraßen freigelegt werden – zugunsten einer nachhaltig sozialen, ökologischen, wirtschaftlichen und gut gestalteten Stadtregion. *Radial Urbanism* kann die unterschiedlichen Zonen der Stadtregion unter Berücksichtigung ihrer Eigenart zusammenführen. Unter dem Pflaster liegt der Strand!

»Wir denken Quartier und Straße gemeinsam«

Martin zur Nedden im Interview mit Cordelia Polinna (4. März 2013)

Warum ist es wichtig, sich städtebaulich mit den großen Hauptstraßen, Radialstraßen, Magistralen auseinanderzusetzen?

Diese Straßen sind aufgrund ihrer Funktion und ihres Ausmaßes zentrale Elemente des städtischen Gefüges. Je nachdem, ob eine Radialstraße in dieses Gefüge integriert ist oder ob sie als Fremdkörper wahrgenommen wird, trägt sie positiv oder negativ zum Lebensgefühl der Stadt bei und bestimmt ihr Bild für Bewohner und Externe. Von daher halte ich es für wichtig, sich darum zu bemühen, Radialstraßen zu einem integralen Bestandteil der Stadt zu machen und sie nicht als Fremdkörper zu betrachten.

Sie haben bereits 2004 in Bochum die Radialstraßen zu einem wichtigen Thema der Stadtplanung gemacht. Wie haben die Erfahrungen im Umgang mit den Radialstraßen in Bochum Ihre Arbeit in Leipzig beeinflusst? Was war in Leipzig die Motivation?

Die Funktion der Straßen in Bochum und Leipzig ist ähnlich, aber die Rahmenbedingungen sind völlig andere. Das wird schon vor dem Hintergrund des Immobilienmarktes deutlich: Das Thema Leerstand stand an den Radialstraßen in Bochum nicht im Vordergrund, in Leipzig manifestiert sich der Leerstand von Gewerbe und von Wohnungen ganz deutlich an den Radialstraßen. Hier haben Mieter die Wahlfreiheit, nicht an einer Hauptstraße zu wohnen, sondern genauso günstig einen Block weiter eine Wohnung zu finden. Der Leerstand ist deshalb an den Radialstraßen erheblich massiver als in den Tiefen der Quartiere.

Leerstand eines stadtbildprägenden Gebäudes an einer Ausfallstraße in Leipzig-Lindenau: eine städtebauliche Herausforderung (2013)
Foto: Cordelia Polinna

An den Radialstraßen in Bochum sind beginnend in den Sechzigerjahren in der Folge von Zechenstilllegungen und Umnutzungen teilweise American-strip-artige Strukturen entstanden. Dort ist es wirklich schwierig, im Gebäudebestand Verbesserungen zu erzielen. Man kann als ersten Schritt nur versuchen, den öffentlichen Raum robust zu gestalten, durch Bäume beispielsweise, so dass das, was dahinter steht, nicht so stark ins Auge fällt. Das war damals auch das Ergebnis der Werkstatt mit dem Büro scheuvens + wachten. In Bochum gibt es Bereiche, in denen man primär nur mit Elementen des öffentlichen Raums arbeiten kann, um erst einmal ein städtebauliches Grundgerüst entstehen zu lassen, damit sich dahinter Schritt für Schritt etwas verbessert. In solchen gestalterisch problematischen Räumen braucht man zudem eine unterstützende Haltung der Politik. Einer Politik, die mutig genug ist, Bedingungen zu formulieren, unter welchen Umständen und Rahmenbedingungen Vorhaben zugelassen werden.
Im Umland von Leipzig ist seit den Neunzigerjahren in fast allen Richtungen ein *Suburbia* entstanden, mit Einkaufszentren wie dem Löwen Center an der Merseburger Straße. Aber das wird nicht so stark wahrgenommen, weil sich wesentliche Bereiche der Radialstraßen in den gründerzeitlichen Strukturen befinden. Für mein subjektives Empfinden haben die Straßen einen urbaneren Charakter als in vielen anderen Städten.

Wie können andere Städte bei der Umgestaltung von Radialstraßen von Leipzig lernen?

Unser Weg der integrierten Konzepte wird auch in anderen Städten praktiziert. Bei der Umsetzung braucht man jedoch einen langen Atem und muss die richtigen Zeitfenster nutzen, um Baustein für Baustein realisieren zu können. Integrierte Konzepte müssen so flexibel sein, dass sie zum Beispiel schnell auf neue Förderprogramme reagieren können. Dabei ist es von zentraler Bedeutung, Eigentümer und Anwohner zu beteiligen, ohne die geht es gar nicht.

Wie gehen Sie in Leipzig mit dem Leerstand an Radialstraßen um, welche neuen ökonomischen Modelle werden hier erprobt?

Wenn nur ein oder zwei Gebäude in einem Block leer stehen, dann frisst sich der Leerstand in die Nachbarschaft. Umso schwieriger wird es dann damit umzugehen, denn für die Eigentümer bietet sich hier keine wirtschaftliche Perspektive. Wir haben die Erfahrung gemacht, dass die Situation besonders schwierig wird, wenn ein Eckhaus fällt. Dann kann der Lärm der Straße in den Block eindringen und der Prozess der Leerstandsbildung nimmt an Dynamik zu. Eine solche Entwicklung aufzuhalten, ist das Ziel des Wächterhaus-Konzepts von HausHalten e. V.[84] Ein Schwerpunkt dieses Vereins sind Eckhäuser an stark befahrenen Straßen. Das war sehr hilfreich, um die Häuser vor dem Verfall zu schützen und positive Impulse für das Quartier zu setzen.

Solche neuen Konzepte konnten in Leipzig an Bedeutung gewinnen, was einerseits dem besonderen Engagement bürgerschaftlicher Akteure, andererseits aber auch der schwierigen Situation der Eigentümer geschuldet war. So wurde für beide Seiten klar, dass durch temporäre, nicht kommerzielle Nutzungen eine Win-Win-Situation entstehen kann. Und wenn man uns als Stadt einbezieht, ist das sogar eine Win-Win-Win-Situation. Die Mitglieder von HausHalten e. V. konnten eine günstige Bleibe für ihre Betriebsgründungen und kreativen Nutzungen finden, die Eigentümer hatten Nutzer im Haus, die durchaus auch etwas für den Unterhalt getan haben, und für uns als Stadt war ein Gebäude gerettet. Durch erfolgreiche Projekte konnten Vorbehalte gegenüber solchen Modellen abgebaut werden. In einigen aufgewerteten Quartieren laufen jetzt die befristeten Vereinbarungen aus und die Gebäude gehen in den normalen Wohnungsmarkt über. Das war zwar vorher bekannt, ist aber dennoch eine schmerzhafte Erfahrung für die Nutzer, weshalb wir mit HausHalten e. V. nach alternativen Standorten suchen. Die Wächterhäuser waren und sind ein sehr wirkungsvolles Element bei der Wiederinwertsetzung dieser Straßen.

Tendenziell sind die Bedingungen des Immobilienmarkts in Leipzig immer noch von einem Angebotsüberhang geprägt, aber aufgrund des Bevölkerungswachstums, das die Stadt mittlerweile verzeichnen kann, kann das eine oder andere bei der Wiederbelebung leichter umgesetzt werden. Wir können anhand von einigen Straßen zeigen, dass es möglich ist, mit integrierten Handlungskonzepten die Probleme der Radialstraßen zu mindern. Bei einer Reihe von Straßen gab es, als ich 2006 nach Leipzig kam, kaum ein Haus, das saniert war. Das hat sich heute geändert, zum Beispiel in der Käthe-Kollwitz-Straße oder in der Karl-Heine-Straße. Dort sind die Quartiere links und rechts der Straße so stark nachgefragt, dass die Menschen es auch in Kauf nehmen, an einer solchen Straße zu leben.

---

84 »Ziel des Ende 2004 in Leipzig gegründeten Vereins ist die Sicherung und Werterhaltung gefährdeter Altbauten an städtebaulich bedeutsamen Lagen durch die Akquisition neuer Nutzer auf nicht kommerzieller Basis.« HausHalten e. V. (2012): Idee und Ziel, URL: http://www.haushalten.org/de/haushalten_idee_und_ziel.asp (06.03.2012).

Temporär markierte Fahrradwege in der Georg-Schumann-Straße sollen die Möglichkeiten einer nachhaltigen Mobilität kostengünstig austesten (2013).
Foto: Cordelia Polinna

In Leipzig sollen die »Magistralen als Impulsgeber für die Quartiersentwicklung« dienen und es gibt eine »Integrierte Magistralenentwicklung«: Was wird hier konkret getan? Wie sehen erste Schritte aus?

Die »Integrierte Magistralenentwicklung« ist zum Beispiel das Leitbild für den Umbau der Georg-Schumann-Straße. Diese bedeutende Radialstraße im Nordwesten Leipzigs konnte als Bundesstraße entwidmet werden, weil parallel dazu im Norden die neue Bundesstraße 6 gebaut worden ist. Die Investitionen in die neue Straße, die überwiegend durch einen weniger lärmempfindlichen Raum führt, wurden damit gerechtfertigt, dass in lärmempfindlichen Stadtteilen eine Verkehrsentlastung eintreten wird, die es uns ermöglicht, Straßenquerschnitte zu verändern. Durch temporäre Markierungen von Radwegen und Parkplätzen werden in einem ersten Schritt neue Straßenquerschnitte und Verkehrsführungen erst einmal ausgetestet, bevor sie dann durch

Huygensplatz an der Georg-Schumann-Magistrale (2013): Die Umgestaltung von der Straßenbahn-Wendeschleife zum Stadtplatz begann im Sommer 2013.
Foto: Cordelia Polinna

aufwendige bauliche Maßnahmen umgesetzt werden. Dadurch besteht die Chance nachzusteuern, wenn etwas nicht funktioniert. Durch die endgültige Umgestaltung, die phasenweise realisiert wird, werden dann einige Verkehrsflächen entfallen beziehungsweise Radfahrern und Fußgängern zur Verfügung gestellt.

Der Huygensplatz, der zurzeit noch eine reine Straßenfläche ist, wird komplett umgestaltet. Die Verkehrsflächen werden erheblich reduziert, die Wendeschleife der Straßenbahn wird zurückgebaut, ein multifunktionaler Platz mit Sitzgelegenheiten und Bäumen soll entstehen. Dort geht die öffentliche Hand mit gutem Beispiel voran und setzt ein Zeichen.

In der Georg-Schumann-Straße zeigen wir also mit einer Vielzahl von vernetzten Ansätzen, dass wir uns um die Straße kümmern. Es ist uns gelungen, das Bundesministerium für Verkehr, Bau und Stadtentwicklung für das Projekt zu mobilisieren. Die Straße ist Modellvorhaben des Forschungsfelds *Kooperation konkret* im Rahmen des Programms

Experimenteller Wohnungs- und Städtebau. Wir entwickeln beispielhafte Ansätze, wie Fördergelder gebündelt in eine koordinierte Aufwertungsstrategie für den linearen Straßenraum fließen können. Mit dem Quartiersmanagement versuchen wir auch, den Leerstand zu mindern. Oder es gibt Aktionen wie die Kulturnacht, die zeigen, dass es in der Straße Engagement und Leben gibt. Das sind alles kleine Bausteine, die Schritt für Schritt zu Veränderungen führen. Mittlerweile wird auf die Maßnahmen reagiert, Gebäude werden saniert und der Leerstand nimmt ab. Es ist aber natürlich ein längerer Prozess, die Straße umzugestalten.

Werden die Straße und die angrenzenden Quartiere zusammen gedacht?

Bei der Konzeptentwicklung haben wir deutlich gemacht, dass es nicht einzusehen ist, dass es in der Georg-Schumann-Straße so viel Leerstand gibt, weil rechts und links attraktive Wohngebiete liegen und die Straße kurze Wege in die Auenlandschaft bietet. Natürlich denken wir da in die Quartiere hinein.
Genauso ist es bei der Georg-Schwarz-Straße in Lindenau, die wir seit drei Jahren gezielt angehen. Dort versuchen wir mit Eigentümern und Bewohnern Dinge zu entwickeln, die eher niedrigschwellig sind. Dort gibt es, kurz vor der Einmündung in die Merseburger Straße, zum Beispiel den Verein kunZstoffe e. V., der ein Haus in Pacht übernommen hat und wieder ertüchtigen will und so dazu beiträgt, den gesamten Block zu stabilisieren. Auch dort sind von der räumlichen Lage her mit den Kontakten zur Auenlandschaft ganz gute Rahmenbedingungen gegeben. Über Baumpflanzungen in den Straßen sollen Pfade in solche Grünräume markiert werden. Wir denken Quartier und Straße gemeinsam, was dadurch vereinfacht wird, dass wir dort für größere Gebiete Mittel aus der Städtebauförderung zur Verfügung haben.

Bedeutet die Reurbanisierung von Radialstraßen, dass wir andere Hochleistungsstraßen brauchen, etwa Stadtautobahnen, die dann die Hauptlast des Verkehrs aufnehmen? Oder wird es bald viel weniger und viel leisere Autos geben, die die Probleme mindern?

Das leisere Auto oder auch das Elektroauto ist noch kein Auto weniger. Diese Fahrzeuge brauchen ebenso viel Platz wie ein Benziner. Ich glaube auch nicht, dass man durch einfaches Sperren von Straßen weniger motorisierten Individualverkehr erzwingen kann. Dann müssten ja auch die Staus im Ruhrgebiet dazu führen, dass die Leute massenhaft

auf das Fahrrad oder den öffentlichen Nahverkehr umsteigen. Die Menschen stellen sich trotzdem weiterhin in den Stau. Um ein Umdenken zu bewirken, werden Push- und Pull-Faktoren gebraucht. Das ganze System von Verkehr in der Stadt muss in seinen Wirkungszusammenhängen betrachtet werden. Dann sollten wir mit kleinteiligen Maßnahmen agieren, um eine Entlastung zu erreichen.

Zunächst muss man versuchen, den Durchgangsverkehr zu reduzieren. Dazu hat in Leipzig die Fertigstellung des Autobahnrings wesentlich beigetragen, das muss man nüchtern so sehen. Der Durchgangsverkehr ist signifikant zurückgegangen. Und wenn Entlastungsstraßen gebaut werden, muss man die anderen Straßen umgestalten, sonst erzeugt man letztlich mehr Verkehr.

Leer stehende und sanierte Gebäude liegen an der Georg-Schumann-Straße oft direkt nebeneinander (2013).
Foto: Cordelia Polinna

Die bislang geringe Nachfrage nach Gebäuden an den Radialstraßen ermöglicht alternative und nicht kommerzielle Nutzungskonzepte und Eigentümerstrukturen: Projekte an der Georg-Schwarz-Straße in Leipzig-Lindenau (2013).

Foto: Cordelia Polinna

Was kann man tun, um die Anlieger an den Radialstraßen – und das sind ja oft nicht ganz einfache Partner wie Supermarktketten, Fachmarktzentren, Systemgastronomie (Drive-in-Restaurants) etc. – davon zu überzeugen, sich für mehr städtebauliche Qualität an den Radialstraßen einzusetzen?

Die innerstädtischen Bereiche der Radialstraßen in Leipzig sind stark von einer weitgehend intakten Gründerzeitbebauung flankiert und es gibt wenige Abschnitte, die von suburbanen Baustrukturen geprägt sind. An der Georg-Schumann-Straße wurde im Stadtteil Gohlis 2011 ein neuer großer Supermarkt errichtet. Weil für dieses Vorhaben Planungsrecht erforderlich war, konnte die Stadt hier ihre Vorstellungen zur Geltung zu bringen. Mit der Firma Kaufland wurden intensive Gespräche geführt, so dass dort nicht nur ein Flachbau entstand, sondern von der Höhe her und der Klinkerfassade etwas gebaut wurde, das einen positiven Effekt auf die Gestaltung des Straßenraums hat. Zudem ist zu sehen, dass an dieser Straße etwas investiert wurde. Den Investoren muss bei solchen Vorhaben deutlich gemacht werden, dass auf eine bestimmte Gestaltung Wert gelegt oder gegebenenfalls auf das Projekt verzichtet wird.

Welche neuen stadtplanerischen Instrumente brauchen wir, um den Umbau der autogerechten Strukturen anpacken zu können?

Viel wäre gewonnen, wenn es flexiblere Instrumente gäbe. Viele Richtlinien werden sehr unflexibel von Genehmigungs- und Förderbehörden angewendet. In der Karl-Liebknecht-Straße, die in den kommenden Jahren umgestaltet werden soll, haben wir im Jahr 2012 einen intensiven Diskussionsprozess mit den Bürgern geführt. Wir müssen jetzt prüfen, ob das, was wir mit den Bürgern zusammen entwickelt haben, auch Gnade vor den Augen der Fördermittelgeber findet. Der Ausgang dieser Verhandlungen ist noch offen, denn die Geldgeber des Landes und vor allem des Bundes fordern etwa, dass die Stadtbahn auf einem gesonderten Bahnkörper geführt wird. Dieses Dogma dient weder der Attraktivitätssteigerung des öffentlichen Nahverkehrs noch hilft es, die anderen umweltfreundlichen Verkehrsteilnehmer zu fördern – und etwas Autoverkehr wird in der Straße auch bleiben. Das Bundesverkehrsministerium trägt den eigenen Bahnkörper für die Stadtbahn wie eine Monstranz vor sich her. In der Karl-Liebknecht-Straße werden wir jetzt definitiv weniger Bundesmittel bekommen, weil wir dort an einigen Stellen keinen eigenen Bahnkörper bauen werden. Hier müsste es bei Genehmigungen und der Mittelvergabe eine Flexibilisierung geben. Das ist nur ein Beispiel, wo Flexibilisierung bei allen Beteiligten mit Priorität verfolgt werden sollte. Wir würden bei Anliegern eine größere Akzeptanz erreichen, wir würden weniger Geld ausgeben müssen, wir würden schneller sein und wir würden in Hinblick auf einen multifunktionalen öffentlichen Raum Gewinne erzielen.

Vor allem innerhalb des dicht bebauten gründerzeitlichen Bestandes, der in Leipzig entlang der Radialstraßen dominiert, ist es sehr schwierig, Straßenraumgestaltungen zu entwickeln, die den Bedürfnissen der unterschiedlichen Verkehrsarten gerecht werden, aber trotzdem eine Aufenthaltsqualität schaffen. Hier Lösungen zu finden, erfordert eine sehr kleinteilige planerische Auseinandersetzung. Für jeden Meter des Straßenraums muss eine differenzierte Lösung gefunden werden.

Brauchen wir eine stärkere Integration von Verkehrsplanung, Gestaltung öffentlicher Räume, Städtebau? Wie können vor allem die Verkehrsplaner davon überzeugt werden, nicht mehr nur die verkehrssichere Radien- und Linienführung, Durchflussstatistiken etc. als Entwurfskriterien zu sehen, sondern auch Aufenthaltsqualität oder Fußgängerfreundlichkeit?

In meinem Dezernat sind glücklicherweise die Bereiche Städtebau und Verkehrsplanung vereint, wodurch bestimmte Fragen intern geklärt werden können. Mit dem Stadtentwicklungsplan Verkehr und öffentlicher Raum wurde schon 2003 begonnen, Stadtentwicklung und -gestaltung und Verkehr miteinander zu verzahnen und beiderseitiges Verständnis zu fördern. Diese Verzahnung trägt dazu bei, die schwierigen Rahmenbedingungen an den Radialstraßen zu verbessern. Für viele Tiefbauer wurde damals schon klar, dass auch andere Aspekte bei der Straßenplanung zu beachten sind als Richtwerte. Ich habe den Eindruck, dass insgesamt im Metier der Tiefbauer Veränderungen stattfinden. Es wächst das Bewusstsein dafür, dass Straßen stadtstrukturverträglich gestaltet werden müssen. Integriertes Denken und Handeln der Akteure ist hierfür aber sicherlich eines der Schlüsselinstrumente. Beim Bundesministerium für Verkehr, Bau und Stadtentwicklung verfolgt zwar der Stadtentwicklungsbereich integrierende Ansätze, der Verkehrsbereich leider weniger. Organisationen wie die Deutsche Akademie für Städtebau und Landesplanung (DASL), die Vereinigung für Stadt-, Regional- und Landesplanung SRL oder die Bundesstiftung Baukultur können über Tagungen oder Veröffentlichungen zu veränderten Denkweisen anregen und dazu beitragen, dass Straßen als ein wichtiger öffentlicher Raum in Städten wahrgenommen werden. Auch für solche Prozesse braucht es jedoch einen langen Atem.

Orte, Straßen, Plätze

Barcelona 29, 30–32
Gràcia 30

Berlin 8–11, 13–25, 30–35, 38–123, 168, 169, 179–181, 183, 184, 187, 189
Alexanderplatz 74, 75, 83, 84, 86
Alt-Friedrichsfelde 93
Alt-Marzahn 77, 78, 79
Alt-Rudow 101
Alt-Tempelhof 105
Alte Frankfurter Allee 89
Alte Nazarethkirche 44
Alte Post (Neukölln) 97
Alter Park (Tempelhof) 108
Altlandsberg 74
Altlandsberger Chaussee 74
Altlandsberger Platz 78
Am Steinberg 67
Amerika-Gedenkbibliothek 106
Autobahnkreuz Neukölln 179
Badensche Straße 119
Bahnhofstraße 109, 111
Bayer AG (Gebäude) 43
Bergmann-Kiez 106
Berliner Straße (div. Bezirke) 41, 48, 52, 54, 117, 119
Biesdorf 83
Blankenfelder Chaussee 55
Blaschkoallee 100
Blücherplatz 106
Blücherstraße 106
Blumberger Damm 78
BND-Zentrale 42, 43
Bockwindmühle Marzahn 77, 78
Böhmisch-Rixdorf 97
Bornholmer Straße 52, 53, 54
Borsighallen 46
Borsigtor 46
Borsigturm 46
Borsigwerke 41, 46
Bötzow-Brauerei, ehem. 64
Brecht-Haus 42
Breite Straße 52
Britz 95, 101
Brunnenstraße 34
Buckow 95, 101
Büdner-Dreieck 97
Bülowstraße 15
Bundesallee 19, 34, 39, 114–123, 180
Bundesplatz 117, 119, 120, 121, 183
Bundesstraße 1 34, 83, 89, 91, 115
Bundesstraße 96a 51, 55, 105
Bürgerpark Pankow 55
Buschkrugallee 95
Caligariplatz 67, 68
Chausseestraße 39, 40–48
City West 115
Columbiaquartier 106
Dahlwitz 86
Danziger Straße 52, 53, 64, 65, 75, 78
Deutsch-Rixdorf 97
Dorfkirche Tempelhof 108
Eberswalder Straße 52, 53
Ernst-Thälmann-Park 66
Europasportpark 75
Florakiez 54
Flugfeld Tempelhof 8, 105, 106, 107, 108, 121
Flughafen Berlin Brandenburg 95, 101, 105
Flughafen Tegel 47, 55
Flughafen Tempelhof 96, 108
Frankfurter Allee 34, 88, 89, 90, 91, 179
Frankfurter Allee Nord 88, 89
Frankfurter Allee Süd 88
Frankfurter Tor 84
Friedenau 116
Friedenstraße 109
Friedrich-Ebert-Siedlung 45
Friedrich-Ludwig-Jahn-Sportpark 51
Friedrich-Wilhelm-Platz 120

Friedrichshain-Kreuzberg	74, 83, 84
Friesenstraße	106
Fritz-Erler-Allee	100
Fröbelplatz	69
Gartenstadt Neu-Tempelhof	107
Gartenstadt Rudow	101
Georgenvorstadt, ehem.	74
Gneisenaustraße	30
Grabbealle	55
Greifswalder Allee	34
Gropiusstadt	20, 96, 101
Großgörschenstraße	106
Hallesches Tor	105, 106
Hans-Grade-Allee	101
Hardenbergplatz	117
Hauptstraße	20
Heiligensee (Ort)	47
Heiligenseestraße	46
Heinersdorf	61, 67
Hellersdorf (Großsiedlung)	77, 88
Hermannplatz	96
Herrnhuter Weg	100
Hohenschönhausen	74
Hubertusbad	88, 89
Hufeisensiedlung	100
Innsbrucker Platz	20
Joachimstaler Straße	117
John-Locke-Siedlung	109
Jüdischer Friedhof Schönh. Allee	51, 52, 57
Julius-Leber-Kaserne	45
Kaiserallee, ehem.	115
Kaiserdamm	34
Karl-Liebknecht-Straße	62
Karl-Marx-Allee	14, 21, 39, 73, 74, 82–93
Karl-Marx-Platz	97
Karl-Marx-Straße	33, 34, 39, 94–103
Kaserne des 1. Garde-Dragoner-Regiments, ehem.	106
Kastanienallee	53
Kaufhaus Jonaß, ehem.	62, 63
Kaulsdorf	86
Kinderkrankenhaus Lindenhof	88, 89
Kirchhainer Damm	105, 111
Kissingenviertel	67
Knorr-Bremse, Hauptgebäude	77
Kollwitzplatz	53
Königsstadt, ehem.	74
Kulturbrauerei	51, 52
Kulturzentrum Brotfabrik	67
Kulturzentrum Pfefferberg	51, 52
Kurfürstendamm	34
Kurt-Schumacher-Platz	41, 45, 47
Landsberger Allee	34, 39, 72–81
Landsberger Chaussee	74, 77
Landsberger Tor	74
Landwehrkanal	106
Laudaer Straße	67
Leninallee, ehem.	73, 74
Leninplatz, ehem.	74
Leopoldplatz	44, 47
Lichtenberg	74, 77, 83, 88, 89
Lichtenberg, Bahnhof	84, 88, 90
Lichtenberger Brücke	89
Lichtenberger Straße	78
Lichtenrade	105, 109, 111
Lichtenrader Damm	34, 105
Manfred-von-Richthofen-Straße	107
Mariendorf	105, 109
Mariendorfer Damm	34, 105, 109
Mariendorfer Marktplatz	109
Marzahn (Neubausiedlung)	20, 74, 77, 88
Marzahn-Hellersdorf	74, 83
Marzahner Brücke	76
Marzahner Promenade	77, 78, 79
Maschinenbauanstalt A. Borsig	42
Mauerpark	51
Mehringdamm	34, 39, 104–113
Metzer Straße	64
Mitte	51, 115

Moabit	42
Mollstraße	62, 74
Mühlenstraße	52, 54
Müllerstraße	34, 41–45, 47
Nationaldenkmal für die Befreiungskriege	106
Neue Zentral- und Landesbibliothek	107, 108, 112
Neues Kreuzberger Zentrum	17
Neukölln	33, 95, 96, 97, 109
Neuköllner Oper	97
Neuköllner Straße	95
Niederschönhausen	52, 53
Normannenstraße	86, 88
Oderberger Straße	52
Oderbruchstraße	75
Oranienstraße	17
Ordensmeisterstraße	109
ORWO-Haus	76
Ossietzkyplatz	57
Ostseestraße	61, 66, 67, 68
Pankegrünzug	43
Pankow	51–56, 61, 62, 67
Pappelallee	53
Parchimer Allee	100
Pastor-Niemöller-Platz	55
Petersburger Straße	75
Philharmonie	118
Platz der Luftbrücke	105, 106
Platz der Stadt Hof	97
Platz der Vereinten Nationen	74, 75, 79
Potsdamer Straße	15, 118
Prenzlauer Allee	34, 39, 60–71
Prenzlauer Berg	51, 53, 61, 62, 64, 68, 91
Prenzlauer Chaussee	61
Prenzlauer Promenade	61, 62, 67, 68, 70
Prenzlauer Tor	61, 62
Puppentheater-Museum	97
Raoul-Wallenberg-Straße	78
Rathaus Neukölln	96, 97
Rathaus Wedding	44
Reichsstraße	83, 91
Reinickendorf	21, 45
Rhinstraße	76, 93
Richardstraße	97
Rixdorf	96, 97
Rosa-Luxemburg-Straße	52
Rüdigerstraße	89
Rudow	21, 95, 101
Rudower Spinne	21, 101, 102
Rudower Straße	95
Saalbau Neukölln	97
S-Bhf. Berlin-Schönefeld	101
S-Bhf. Frankfurter Allee	84, 90, 91
S-Bhf. Friedrichsfelde Ost	89
S-Bhf. Landsberger Allee	75
S-Bhf. Lichtenrade	109
S-Bhf. Neukölln	96, 97
S-Bhf. Pankow	54
S-Bhf. Pankow-Heinersdorf	61, 62
S-Bhf. Prenzlauer Allee	66, 68
S-Bhf. Schönhauser Allee	53
S-Bhf. Tempelhof	112
S-Bhf. Wedding	43
Schaperstraße	117
Scharnweberstraße	41, 46
Schering AG	42
Schivelbeiner Straße	53
Schloss Biesdorf	84, 86
Schloss Schönhausen	52
Schlosspark Schönhausen	55
Schloßstraße	34, 115, 120
Schmiljanstraße	120
Schönhausensche Landstraße	52
Schönhauser Allee	18, 34, 39, 50–59
Schönhauser Tor, ehem.	52
Schwimm- und Sprunghalle	75
Seidelstraße	41
Senefelder Platz	52, 56
Siegfriedstraße	89
Sonnenallee	96
Sport- und Erholungszentrum SEK	75, 78
Stadion der Weltjugend, ehem.	42
Städtischer Central-Vieh- und Schlachthof, ehem.	75, 81
Stalinallee, ehem.	73, 83, 84, 85

Steglitz	34, 116
Storkower Straße	75
Straßenbahnbetriebshof Müllerstr.	45
Strausberger Platz	14, 84, 86
Tegel	41, 42, 46
Tegel (Ort)	46, 48/49
Tegeler Forst	46, 47
Tegeler Schloss	41
Tegeler See	46
Teltowkanal	100, 108, 109
Tempelhof	32, 105, 109
Tempelhof (Dorf)	108
Tempelhofer Damm	34, 105, 107, 108
Tempelhofer Hafen	109, 110
Teterower Straße	100
Thulestraße	67
Tierpark Friedrichsfelde	86, 88
Torstraße	42, 52, 56, 62, 63, 74
Trabrennbahn Mariendorf	109
U-Bhf. Borsigwerke	46
U-Bhf. Eberswalder Straße	57
U-Bhf. Elsterwerdaer Platz	86
U-Bhf. Hallesches Tor	106
U-Bhf. Hermannplatz	96
U-Bhf. Kottbuser Tor	17
U-Bhf. Magdalenenstraße	84
U-bhf. Neukölln	96
U-Bhf. Pankow	54
U-Bhf. Rudow	96
U-Bhf. Schönhauser Allee	53
U-Bhf. Vinetastraße	52, 53, 54
Ullsteinhaus	108
Uranusweg	46
Uthmannstraße	100
Velodrom	75, 81
Viktoriapark	106
Volkspark Friedrichshain	75, 79
Volkspark Wilmersdorf	119, 120, 121
Vulkanstraße	76
Waltersdorfer Chaussee	95, 101
Walther-Schreiber-Platz	120
Wedding	41, 44, 45, 47
Weißensee	61, 67
Werkssiedlung Borsigwalde	46
Wichertstraße	53
Wilmersdorf	116
Wisbyer Straße	53, 61, 66, 67, 68
Wohnbebauung Grabbeallee	55
Wohnsiedlung Fennpfuhl	74, 75
Wohnsiedlung Frankfurter Allee Süd	88, 89
Wohnsiedlung Friedrichsfelde Ost	88
Wohnsiedlung Tierparkbogen	88
Wohnstadt Carl Legien	66
Yorckstraße	30
Zeiler Weg	65
Zoologischer Garten (Bahnhof)	116, 117
Zossener Straße	106
Zwischenpumpwerk Lichtenberg	76, 77, 78

Bochum 191, 192

Brandenburg (Land) 21, 41, 42, 55, 74, 77, 105, 111

Baruth	111
Berliner Chaussee	101
Berliner Ring	42, 47, 51
Berliner Straße	41, 42
Breite Straße	42
Germendorfer Straße	42
Hennigsdorf	42, 47
Hönow	77, 78
Hönow-Dorf	78
Königs Wusterhausener Straße	101
Mittenwalde	96
Mühlenbeck	56, 57
Mühlenbecker Land	57
Potsdam	115
Ruppiner Chaussee	41
Ruppiner Straße	41
Schulzendorf	41
Velten	42, 47
Veltener Straße	42
Waltersdorf	101
Wünsdorf	111
Zossen	111

Düsseldorf 36
Jan-Wellem-Platz 36

Frankfurt am Main 8
Eurocity 8

Hamburg 8, 35
HafenCity 8

Leipzig 190–199
Bundesstraße 6 194
Georg-Schumann-Straße 194, 195, 196, 197, 198
Georg-Schwarz-Straße 196, 198
Gohlis 1198
Huygensplatz 195
Karl-Heine-Straße 193
Karl-Liebknecht-Straße 198
Käthe-Kollwitz-Straße 193
Lindenau 191, 196, 198
Merseburger Straße 192, 196

London 10, 11, 19, 125, 142–155, 182f.
Acton Town 155
Acton Town Square 154f.
Aldgate High Street 143
Barking 147
Croydon 149, 150, 151, 152
Dalston 147
General Gordon Square 148
Leyton High Street 154, 155
Olympischer Park 153f., 155
Oxford Street 154
Tottenham 149, 150
Uxbridge Road 154f.
Whitechapel High Street 154
Wilsden 149
Wood Street (Waltham Forest) 152f.
Woolwich 143, 147, 148
Woolwich High Street 143

Los Angeles 19, 35, 125, 164–177, 181f.
3rd Street Promenade 174
6th Street 174
Abbot Kinney Road 174
Broadway 174
Downtown 169–173
Grandpark 173
Ocean Boulevard 174, 175
Pasadena (LA County) 166, 172
Santa Monica (LA County) 166, 172, 174
Santa Monica Boulevard 173
Santa Monica Place 174
Venice 174

Madrid 37
Paseo de Recoletos 37

Moskau 10, 11

New York 156–163, 169, 181f.
9th Avenue 161
Broadway 157, 158–160
Brooklyn 179
Columbus Circle 157, 158
Flat Iron Building 159
Herald Square 157, 158
Madison Square 157, 158
Manhattan 157, 158, 161, 163, 179
One Times Square 159
Queens 179
Times Square 157, 158–160, 181
Union Square 157

Paris 10, 11, 19, 28, 29, 31, 32, 125, 126–133, 182
Athis-Mons (Großraum Paris) 133
Boulevard des Maréchaux 132
Boulevard Richard Lenoir 28
Essonne, Département (Großraum Paris) 131
Évry-Grigny (Großraum Paris) 131
Kathedrale Notre-Dame 127
Longjumeau (Großraum Paris) 130
Trappes (Großraum Paris) 130

Val-de-Marne, Département (Großraum Paris)	133
Villejuif (Großraum Paris)	133
Stuttgart	36
Österreichischer Platz	36
Wien	29, 31, 32, 125, 134–141, 182
Matzleinsdorfer Platz	137, 139
Ringstraße	29
Triester Straße	135–141
Wienerberg (Erholungsgebiet)	137
Wienerberg City	137

Personen

Banham, Reyner	166
Bauer und Friedländer	62
Bloomberg, Michael	59
Bornemann, Fritz	44
Bräuning, Fritz	107
Carstenn, Johann Anton Wilhelm von	115, 119, 120, 121
Cerdà, Ildefons	29, 30, 32
EAST Architects	143, 151–155
Emmerich, Paul	45, 55
Gustafson Porter	148
Haussmann, Georges-Eugène	28, 127
Hawthorne, Christopher	177
Hellwig, Friedrich	44
Hénard, Eugène	10
Hobrecht, James	30, 31, 32
John Kaliski Architects	175
Johnson, Boris	146
Kleihues + Kleihues	42, 43
Le Corbusier	166
Lion, Yves	132
Livingstone, Ken	143
Mebes, Paul	45, 55
Möhring, Bruno	106
Moses, Robert	162f., 179
Müller, Michael	179, 180
Nouvel, Jean	132
Perrault, Dominique	81
Ramsauer, Peter	179
Rogers, Richard	146
Sadik-Khan, Janette	159, 162f., 181
Scharoun, Hans	118
scheuvens + wachten	192
Schinkel, Karl-Friedrich	44, 106
Siedler, Eduard Jobst	107
Stadt Land Fluss Büro für Städtebau und Stadtplanung	86
Stefan Wallmann Landschaftsarchitekten	56, 57
Taut, Bruno	100
Wagner, Martin	100
Witherford Watson Mann Architects	147
Wright, Frank Lloyd	166
Zumthor, Peter	172

Mitwirkende

Hilde Barz-Malfatti, Architektin, seit 1994 Universitätsprofessorin für Entwerfen und Stadtarchitektur an der Bauhaus-Universität Weimar und Mitglied des Instituts für Europäische Urbanistik. Neben ihrer Bautätigkeit (u. a Neues Studienzentrum der Herzogin-Anna-Amalia-Bibliothek Weimar zusammen mit Prof. Karl-Heinz Schmitz) Arbeit an zahlreichen Projekten und Publikationen zur Stadtsanierung und Stadterneuerung. Mitglied in vielen Jurys und Beiräten.

Denis Bocquet, Stadthistoriker, 2007–2011 Direktor des Institut français Dresden. 2012 Habilitation für Urbane Studien in Paris-Est. Unterrichtet Urbane Theorie und Geschichte der Stadtplanung an der École des Ponts ParisTech in Marne-la-Vallée. Wissenschaftlicher Mitarbeiter mit dem Forschungsschwerpunkt »Gegenwärtige Metropolen« am dortigen Laboratoire Techniques, Territoires et Sociétés. Mitglied u. a. beim Wissenschaftsrat des Urban and Regional Policy Program (German Marshall Fund of the United States) und bei UrbanGrad (TU Darmstadt).

Harald Bodenschatz, Stadtplaner und Sozialwissenschaftler, 1995–2011 Universitäts-Professor für Planungs- und Architektursoziologie an der TU Berlin. Promotion zur Planungspolitik von Bologna, Habilitation zur Geschichte der Stadterneuerung in Berlin, Mitwirkung u. a. am Forschungsprojekt »Mitten am Rand, vom Vorort über die Zwischenstadt zur Stadtlandschaft«. Seit 1980 arbeitet er im Rahmen des Planungsbüros Gruppe DASS zusammen mit Johannes Geisenhof an Projekten zur Stadterneuerung vor allem in Mittelfranken. Zahlreiche Artikel und Bücher zur Geschichte und Gegenwart des Städtebaus. Mitglied AIV, BDA, C.E.U., DASL, DWB, GSU, SRL.

Wolfgang Christ, 1994–2013 Universitäts-Professor für Entwerfen und Städtebau an der Bauhaus-Universität Weimar. Seit 1980 als Architekt und Planer an den Schnittstellen von Architektur, Städtebau und Regionalentwicklung tätig. Für seine Arbeiten wurde er mit Preisen ausgezeichnet. 2008 Gründung der Urban INDEX Institut GmbH in Darmstadt zur Analyse und Zertifizierung von Stadtqualität. Zahlreiche Artikel und Bücher zum Strukturwandel des urbanen Raums.

Tobias Goevert studierte Architektur und Urban Design an der RWTH Aachen und der Oxford Brookes University. 2001–2003 Mitarbeiter bei Ian Ritchie Architects, London. 2003–2007 Senior Designer bei der Architecture + Urbanism Unit der Greater London Authority, dann Teamleiter bei Design for London, einer Planungseinrichtung des Londoner Bürgermeisters, die 2013 in GLA Regeneration integriert wurde. Zurzeit leitet er u. a. das Nord-West und Central London Team sowie die *Design Review*. Publikationen und Ausstellungen zur Arbeit von Design for London und der GLA. Lehraufträge u. a. an der Universität Lissabon und der Bartlett School of Planning.

Mila Hacke, Architektin und Architekturfotografin, Studium in Berlin, Liverpool und London. Fotoassistentin von Hélène Binet in London. 2000 Master of Arts, Metropolitan University London. Schwerpunkte: Architekturfotografie und Baugeschichte zur Nachkriegsmoderne. Projekte u. a. mit TU Berlin, AlliiertenMuseum, Fritz Thyssen Stiftung, Messe Berlin. Ausstellungen: u. a. Designforum Nürnberg (2003), 30 Jahre ICC (2009), Geschenke der Amerikaner (2009), Revisited AlliiertenMuseum (2010/11). 2012 Stipendiatin der Deutschen Akademie Rom Casa Baldi in Olevano Romano, BKM.

Valentin Hadelich ist seit 2009 Wissenschaftlicher Mitarbeiter am Lehrstuhl für Entwerfen und Städtebau I an der Bauhaus-Universität Weimar. 2010 war er an der Gründung der Urban INDEX Institut GmbH in Darmstadt beteiligt. Forschungsschwerpunkte: Handel, Urbanität, Stadtqualität und Atmosphärenforschung. Seit 2010 Arbeit an der Promotion, Thema »Re-Urbanisierung einer suburbanen Markttypologie: Qualitätsbasierte marktkonforme Stadtentwicklung mit dem Handel«.

Aljoscha Hofmann, Dipl. Ing. Arch., studierte Architektur an der TU Berlin. 2007–2013 Wissenschaftlicher Mitarbeiter am Fachgebiet Planungs- und Architektursoziologie der TU Berlin. Mitbegründer der 2009 gegründeten Initiative Think Berl!n. Seit 2011 Arbeit am Dissertationsvorhaben: »Fragmentierter Städtebau. Neoliberale Stadtentwicklung jenseits des Masterplans« mit Fokus auf die Entwicklung des Friedrichshainer-Kreuzberger Spreeufers (Mediaspree). Seit 2013 assoziiert am Center for Metropolitan Studies der TU Berlin. Mitglied C.E.U.

Dann Jessen studierte an der Aarhus School of Architecture in Dänemark und an der University of East London Architektur. Entwicklung, Management und Umsetzung baulicher, landschaftsarchitektonischer und städtebaulicher Projekte, Direktor bei EAST Architects. Urban Advisor für die Greater London Authority. Er lehrt seit 1998, zurzeit an der London Metropolitan University. Ausgezeichnet mit zahlreichen Preisen, zuletzt Masterplanning Architect of the Year Award 2011 sowie New London Awards 2012 und 2013.

Arvid Krüger, Dipl.-Ing. Stadt- und Regionalplanung und M. Sc. Raumplanung. Studium an der TU Berlin und der KTH Stockholm. Nach diversen, meist freien Tätigkeiten in der Praxis in Berlin, u. a. als Quartiersmanager und Projektentwickler, seit 2012 Wissenschaftlicher Mitarbeiter an der Bauhaus-Universität Weimar. Sein Arbeitsschwerpunkt und bisherige

Veröffentlichungen beschäftigen sich u. a. mit der Beteiligung an Planungsprozessen und der sozialen Stadterneuerung bzw. am Stadtumbau Ost.

Annika Levels, Landschaftsarchitektin, arbeitete während ihres Studiums an der TU Berlin 2009–2010 bei bbzl böhm benfer zahiri landschaften städtebau. Seit 2012 Stipendiatin des DFG Internationalen Graduiertenkollegs *Berlin – New York – Toronto. Die Welt in der Stadt* am Center for Metropolitan Studies. Ihr Promotionsprojekt befasst sich – aufbauend auf ihrer Diplomarbeit »Rethinking the Street – New Yorks neue Freiräume« – mit aktuellen politischen und planerischen Strategien zur Transformation der städtischen Straßen in Berlin und New York.

Hildebrand Machleidt, Architekt und Stadtplaner, 1970–1979 Mitglied und Gesellschafter der Freien Planungsgruppe Berlin GmbH (FPB). 1979–1987 Mitarbeiter der Bauausstellung Berlin GmbH (IBA) als Städtebaulicher Koordinator für die Südliche Friedrichstadt in Berlin-Kreuzberg. 1988 Gründung des Büros für Städtebau. 1997–2000 Gastprofessor für Städtebau an der BTU Cottbus. Seit 2001 Honorarprofessor an der BTU Cottbus. 2008–2011 Professor für Stadt- und Bauleitplanung an der Gottfried Wilhelm Leibniz Universität, Hannover. Mitglied BDA, C.E.U., DWB.

Cordelia Polinna, Diplom Stadt- und Regionalplanung TU Berlin, 1997–1998 Studium Urban Design in Edinburgh. 2007 Promotion zum Thema »Towards a London Renaissance«, 2008–2010 DFG Postdoc-Fellow beim Transatlantischen Graduiertenkolleg Berlin – New York. 2008 Gründung des Büros Polinna Hauck Landscape + Urbanism, 2009 Gründung der Initiative Think Berl!n. Von Oktober 2011 bis September 2013 Gastprofessorin für Planungs- und Architektursoziologie an der TU Berlin. Preisträgerin des Bilfinger Berger Award 2007. Mitglied DASL und SRL sowie im Wissenschaftlichen Beirat für das Stadtentwicklungskonzept 2030 Berlin.

Jana Richter, Architektin und Stadtplanerin. Mitbegründerin der Initiative Think Berl!n und Partnerin im Büro Praeger Richter Architekten. Bis 2011 Wissenschaftliche Mitarbeiterin am Institut für Architektur der TU Berlin. Sie erforscht u. a die Transformation von Architektur und Stadtraum durch den urbanen Tourismus. Publikationen: *The Tourist City Berlin – Architecture and Tourism* (2010), Dissertation *Die Wechselwirkungen zwischen Tourismus und urbanem Raum* (veröff. 2012).

Rudolf Scheuvens, Stadtplaner, 2001–2007 Professor für Städtebau und Baugeschichte an der FH Hannover, anschließend Professor für Städtebau an der FH Oldenburg. 2007 Berufung in die Deutsche Akademie für Städtebau und Landesplanung (DASL). Seit 2008 Universitätsprofessor für Örtliche Raumplanung und Stadtentwicklung an der TU Wien. Gemeinsam mit Kunibert Wachten leitet er seit 1994 das Büro scheuvens+wachten. Seit Januar 2013 Dekan der Fakultät für Architektur und Raumplanung der TU Wien.

Johanna Schlaack, Architekturstudium an der TU Berlin und in Edinburgh. 2008–2013 Promotion im Rahmen des DFG Transatlantischen Graduiertenkollegs Berlin – New York zum Thema »Better Aireas. Flughäfen als Impulsgeber für Stadtregionen«. Arbeitsschwerpunkte: flughafenbezogene städtische Entwicklungen sowie räumliche Prozesse im Spannungsfeld zwischen Infrastrukturausbau, integrierter Stadtentwicklung und baulich-räumlicher Qualifizierung (Smart Cities). Mitbegründerin der Initiative Think Berl!n, seit 2013 Post-Doc an der TU Berlin und seit 2010 Inhaberin des Büros PS. Planen und Stadt.

Thomas Sieverts, Dr. Ing. E. h. (TU Braunschweig), studierte Architektur und Städtebau in Stuttgart, Liverpool und Berlin. Wissenschaftlicher Mitarbeiter an der TU Berlin, 1966 Mitgründer der Freien Planungsgruppe Berlin (FPB), 1967–1999 Hochschullehrer in Berlin, Harvard, Darmstadt und Berkeley, 1978–2006 eigenes Planungsbüro in Bonn, 1989–1994 Direktor bei der IBA Emscherpark, 2003–2005 Leiter des Forschungsprojekts »Mitten am Rand, vom Vorort über die Zwischenstadt zur Stadtlandschaft«. Mitglied der Berliner und der sächsischen Akademie der Künste, mehrere Auszeichnungen, zahlreiche Veröffentlichungen.

Werner Tschirk, Raumplaner, studierte Raumplanung an der TU Wien und promovierte im Rahmen des internationalen Doktorandenkollegs *Forschungslabor Raum* zum Thema »Planung als Lernprozess«. Seit 2005 tätig an der TU Wien in Forschung und Lehre sowie in der Planungspraxis. Mitbegründer des Netzwerks Raumplanung, einer Kommunikationsplattform für Planerinnen und Planer.

Christian von Oppen, Architekt und Städtebauer, seit 2007 Wissenschaftlicher Mitarbeiter an der Professur für Entwerfen und Städtebau 1 an der Bauhaus-Universität Weimar. Sein Tätigkeitsfeld erstreckt sich von hochbaulichen Themen im Rahmen seines Architekturbüros Akay von Oppen über die Lehrtätigkeit an der Fakultät Architektur bis hin zur Forschung über Stadtproduktion europäischer Diktaturen in der Zwischenkriegszeit.

Martin zur Nedden war 2006–2013 Beigeordneter für Stadtentwicklung und Bau der Stadt Leipzig. Nach dem Studium der Raumplanung an der TU Wien und Städtebaureferendariat als Planer in Kommunen unterschiedlicher Größenordnung in Westdeutschland tätig. Mit diesem Hintergrund umfangreiche Erfahrungen in baukulturellen Fragen (Erfolge und Misserfolge), initiativ u. a. bei der Einrichtung von Gestaltungsbeiräten, Diskussionsforen etc. U. a. langjähriger Vorsitzender des Bau- und Verkehrsausschusses des Deutschen Städtetages, Präsident der DASL, Mitglied SRL und BDA.

Die Deutsche Nationalbibliothek verzeichnet diese Publikation in der *Deutschen Nationalbibliografie;* detaillierte bibliografische Daten sind im Internet über *http://dnb.d-nb.de* abrufbar.

ISBN 978-3-86922-323-0

© 2013 by DOM publishers, Berlin
www.dom-publishers.com

Dieses Werk ist urheberrechtlich geschützt. Verwendungen außerhalb der Grenzen des Urheberrechtsgesetzes sind ohne Zustimmung des Verlags unzulässig und strafbar. Dies gilt für Vervielfältigungen, Übersetzungen, Mikroverfilmungen sowie die Einspeicherung und Verarbeitung in elektronischen Systemen. Die Nennung der Quellen und Urheber erfolgt nach bestem Wissen und Gewissen.

Redaktionelle Mitarbeit
Eleonore Harmel, Tabea Hilse

Lektorat
Uta Keil

Gestaltung
Masako Tomokiyo

Druck
Tiger Printing (Hong Kong) Co., Ltd.
www.tigerprinting.hk

Die Herausgeber danken Mila Hacke für die Nutzung ihrer fotografischen Arbeiten.

Gedruckt mit finanzieller Unterstützung des Fachgebiets Planungs- und Architektursoziologie, Institut für Soziologie der Technischen Universität Berlin.

Partner:
· Professur Entwerfen und Städtebau sowie Professur Entwerfen und Stadtarchitektur, Bauhaus-Universität Weimar,
· Center for Metropolitan Studies, TU Berlin
· Council for European Urbanism Deutschland e. V.